釋寬謙——著

福慧圓滿的妙藥

藥師經講記

〔自序〕願願平安藥師佛

近年來天災人禍頻仍，地震、颱風、颶風席捲全球，戰火連天，波及世界各國能源與金融危機，全球新冠肺炎疫情，更牽動著所有人的生活與生死，真是示現了世間的無常。我們置身於病難、國難與眾難的共業中，都非常需要讓身心平安的方法。因此，誦持《藥師經》和受持藥師法門，可說是解救這苦難人間的最好妙藥。

《藥師經》全稱《藥師琉璃光如來本願功德經》，又稱《拔除一切業障經》，藥師琉璃光如來的本願功德，能拔除纏縛生命的業障，讓我們以安樂的心來生活，進而好好修行。我們所居住的環境，原本就是充滿生死輪迴、災厄痛苦、業障現前的無常世界，所以會有種種怖畏恐懼，而藥師佛的發願成佛，讓我們明白願心可以轉業力為願力。只要修持藥師法門調身、調心，並學習藥師佛發願，現前的業障就會是我們培福的福田，能夠轉娑婆穢土為人間淨土，讓心光遍照世界。

因緣不可思議，前年（二〇二〇）二月初才剛率團到印度佛教聖地與石窟朝聖，一回到臺灣就立刻面臨三月初新冠疫情的肆虐，因而暫時終止了海內外的朝聖旅行與弘法課程。藉此因緣，反而讓我終於得空，整理出版《解開生命的密碼——八識規矩頌講記》，這本屬於虛妄唯識系的著作；去年五月又因疫情擴大，再度暫停課程，又接續出版屬於性空唯名系的《大智慧到彼岸——心經講記》；今年四月亦因疫情再度升溫，又可繼續整理這本屬於真常唯心系的《福慧圓滿的妙藥——藥師經講記》。目前為止，正好「大乘三系」，我都各別出版了一本書以為代表，真是誠摯感恩眾多善因緣的和合！

本書共分為五篇，第一篇〈琉璃光遍照世間〉，闡明《藥師經》的重要性，揭櫫藥師法門重視現實人生的特色，能為眾生消災解厄，增福延壽，從而建立藥師佛的淨琉璃世界。第二篇〈藥師佛的十二大願〉，透過曼殊室利菩薩的請法，佛陀開示藥師佛行菩薩道時，所發的十二大願，願願都為眾生滿足希求，求得現生安樂。第三篇〈藥師法門的修持〉，透過聞名憶念、持咒治病、供養受持的方式，皆能蒙受藥師佛不可思議功德的福蔭。第四篇〈消災延壽大醫王〉，遇病難、國難、眾難時，如果能修延命法，可免九橫及獲得藥叉大將們的守護。第五篇〈琉璃世界眾病悉除〉，我們當學習藥師佛的濟世願力，以十二大願的現代精神來行願，佛法必能光明普照於世間。

我對於藥師法門具有深切的信願心，相信從藥師佛的慈悲與智慧，可以印證藥師佛的大願，今生只要依循藥師法門，即可度過種種厄難，不僅能得現法樂、後世樂，更能得究竟解脫樂。我之所以撰寫本書，主要是深受印順導師的思想啟發，希望將導師的著作理念和大眾分享，讓法寶能持續流通。本書的解經方式運用印順導師的《藥師經講記》科判表為主要架構，讓我們見聞於佛法的思想理路，而能如理思惟，必能法隨法行，而落實於現代的生活當中。但願大眾能依印順導師於書中所勉勵，相契於藥師如來本願而實踐，才是修學藥師法門的行者。藥師法門的現法樂是一切修行的基礎，無論修行者的根機利鈍，都可藉由《藥師經》入門，學習與藥師佛願願相應，度過生活中的種種困境，充分把握今世的修行資糧，福慧雙修，解行並重，實踐菩薩道的悲智雙運，乃至成佛的福慧具足，才是究竟解脫樂。

我們雖然無法預知未來世，但此生只要能受持藥師法門，與藥師佛相應，必然能將藥師佛的功德福報，融入生命。不管面對的是業障或福報，藥師佛的慈悲都能為我們注入源源不絕的力量，從而自在地接受現實考驗，將逆境化為人生的養分。

希望藉由分享《藥師經》的微妙法藥，祝福大眾皆能蒙受藥師佛願力的福蔭，消災解厄，增福延壽，圓滿菩薩萬行！

釋覺謙

目錄

〈第一篇〉

琉璃光遍照世間

一、重視現實人生的藥師法門

藥師佛是大醫王，很多人接觸《藥師經》是因為自身或親友罹病，希望能透過持誦《藥師經》或〈藥師咒〉，得到大醫王的妙藥救治。由於新冠肺炎疫情的關係，所以舉辦藥師法會、解說《藥師經》講座的需求也相對增高。

然而，病苦其實也是「法藥」，如果我們逆向思考，不將「新冠肺炎」或世間疾病認定為「病」，就能靜下心來，從中思考人生是怎麼一回事，從病中明白苦、空、無常，建立自己的生死觀。如果我們能從病中得到解脫，就不再只是一個為病所苦的病人，而能成為發願普度眾生的人間菩薩。希望大家都能從《藥師經》，得到藥師佛所賜與的無上法藥。

自古以來，藥師法會一直非常盛行，而除了參加藥師法會，很多人也專門受持藥師法門。為何《藥師經》如此深受大眾歡迎呢？很多祖師大德之所以開講《藥師經》，都是因為社會發生重大災難，而藥師法門所具備的重要特質，就是能夠消災延壽，得福免難。

在眾多解說《藥師經》的讀本裡，影響我最大的是印順導師的《藥師經講記》和太虛大師的《藥師琉璃光如來本願功德經講記》，因此我講授《藥師經》時，習慣以印順導師的《藥師經講記》為本，從中開展出其他脈絡。

《藥師經講記》的講經緣起，是印順導師於民國四十三年（一九五四）在臺北善導寺開講本經，當時因天下多災，所以啟建藥師法會。導師認為於此時弘揚藥師法門最具意義：「因為種種災難，是由眾生業力所招感，佛教本著解救眾生苦難的慈悲立場，設有消災法門，使眾生消除業障，脫離災難。」希望大家在參加法會前，能先理解經義，這樣才能仗三寶威力加被，並自己依法進修，從而真正達到消災免難的目的。

印順導師也在《藥師經講記》提及，民國二十三年（一九三四）時，太虛大師在浙江省寧波市的阿育王寺曾宣說《藥師經》，講經因緣的三大重點為：1. 近代人類重視現生安樂、2. 東方淨土與中國、3. 依藥師淨土創建人間淨土。

（一）近代人類重視現生安樂

佛法所說的安樂，可分為三種：現法樂、後世樂、究竟解脫樂。

1. 現法樂

所謂的「現法樂」，就是現生的安樂，是我們這輩子從生到死的過程，也可稱為「現世樂」。學佛並非只求未來世，而是在今生就可透過修持的力量改善現世的人生，過著幸福快樂的生活。比方修持藥師法門能逢凶化吉，消災解厄，讓人壽終正寢，不會橫死或遭逢巨大的天災人禍，所以今生就能感受得到現法樂。

2. 後世樂

佛法不只讓人得到「現法樂」，還能得到「後世樂」。例如很多人會關心自己下輩子將生在哪裡，而關於下輩子的來生，這就是「後世樂」。人為什麼會求後世樂呢？往往是因這一輩子感受到人生的痛苦，所以非常想要跳脫苦海，而這種改善會讓人希望下輩子過得比這輩子更好，所以才要學佛。因此，學佛也求後世樂，求下一輩子能過得好。甚至不只是求下一輩子安樂，而是希望盡未來際的所有來世都能平安幸福。

我常認為每個修行人都有一個非常重要的功課，就是要知道自己的來世去哪裡。或許有人想說：「我連這一世都搞不清楚了，如何得知來世呢？」確實沒錯，不只是來世，我們也要清楚自己這一輩子是怎麼一回事。要建立「生生不已的生命之流」的觀念，才可能深入經藏，體會智慧如海。佛教的唯識學講得非常清楚，當我們確信有來世後，才會預做安排，如果根本不相信有來世，有可能預做準備嗎？當然不可能。

後世樂所解決的問題是，來生究竟應該要去哪裡？來世能否比今生更好？後世樂的法門有很多種，比如有西方淨土、東方淨土，乃至於有多如數不盡恆河沙數的十方佛國淨土，也就是有無限的往生淨土的法門。

為什麼要往生淨土呢？因為我們所在的娑婆世界是穢土。娑婆穢土相對於佛國淨土，是凡夫所居住的煩惱世界，如何讓汙穢不堪的環境變得清淨呢？方法有三種：

第一種是直接往生清淨的佛國淨土，比方西方淨土、東方淨土等。

第二種是往生彌勒菩薩所在的兜率淨土，兜率天離我們很近，發願到兜率淨土的彌勒內院修行，可隨彌勒菩薩下生人間成佛時，協助守護佛法。

第三種則是建設人間淨土。我們的世界之所以不清淨，其實每個人都有責任，所以有很多高僧大德帶領著大眾一起精進修行，希望把穢土轉為淨土，也就是將人間轉為淨土，這是屬於乘願再來，願意來世還來人間繼續行菩薩道。

佛教認為的來世大致有這三大方向，端看我們自己的根機如何。以現法樂來講的話，其實只要我們深度地理解佛法，一樣能夠完成所謂的現法樂和後世樂，因為我們理解自己的未來要往生到哪裡去，如何能夠不斷地累積善根因緣與智慧資糧，至於能否到達究竟解脫樂，那可就急不得了。

學佛必然能得「現法樂」、「後世樂」，並邁向「究竟解脫樂」，因為佛法能開啟智慧心，不管人生苦樂、順逆，當我們的心都是清楚、明白的，自然願意歡喜接受。因此，學佛前，心容易隨著外境轉變，學佛後，則心能轉境，主要是因為內心有般若智慧，所以能接受因緣，毀譽不動心，感受到現法樂。當我們清楚自己未來的生命將如何流轉，就能隨順因緣，順逆皆精進。得到後世樂，不只明白這輩子的人生方向，也能清楚下輩子究竟要去哪裡，對生死自然不再徬徨迷惑。

幾年前，我們曾經舉辦一回非常快樂的旅行。當旅行接近尾聲的時候，許多人感到悵然若失，總覺得快樂的時光怎麼過得這麼快？這是一種緣滅前的感受，但是隨著旅行的結束，各人都回到自己的寺院、家庭，那又是另一種緣生，一切再度恢復到日常生活中了。如果這群人當中，有人不知道下車後何去何從，應該會很徬徨吧？就像我們每個人的臨終，也是一段旅程的結束，如果心裡清楚下一輩子要到哪裡，縱然有短暫的愛別離苦，將能很快地透過願力，重新開啟下一輩子的生命，這便是下輩子的緣生，回到生生不已的生命之流，繼續生活中的修行，又是另一輩子的重生。但是我們若很茫然，根本不知道來世的去處，不知道魂歸何處，就會像個流浪漢一樣，只能隨業風所飄。

3. 究竟解脫樂

我們都生活在生生不已的生命之流，如果只求後世樂是不夠的，所以還有解脫樂。所謂的解脫樂，也有層次上的差別，可分為個人解脫樂和究竟解脫樂。如果只求個人的解脫，那僅僅是一種小小的解脫樂，但是如果我們願意更進一步行菩薩道幫助更多眾生同得解脫，直到究竟成佛，則稱為究竟解脫樂。

聲聞乘者的證果，屬於個人的解脫樂；行菩薩道圓滿成佛，即是究竟解脫樂。想要得到究竟解脫樂，必須行菩薩道。行菩薩道要從發菩提心開始。未學佛之前，我們只是糊里糊塗地輪迴生死，一輩子、一輩子地從無始的過去世，來到了現在世，無法明白「生從何來，死往何去」。而當我們學佛後，對生死有所理解，就能從「發菩提心」展開菩薩道的生命道路，終結糊里糊塗地「流浪生死」，菩薩道雖然仍生死不已，卻是清楚明白地生死，發願利用生死而利濟眾生。

很多法師都會問信眾：「各位菩薩，請問你們有沒有發菩提心？」為什麼要稱信眾為菩薩呢？菩薩是發菩提心的有情眾生，願意踏上成佛之道修行。菩薩面對生死的問題，願意檢討、改善和理解，明明白白自己將來如何處理生死大事。

超凡入聖就是一種解脫樂，但是發了菩提心，還要在凡夫位通過第一大阿僧祇劫的修行，稱為「凡夫菩薩位」，經過超凡入聖，也就是達到見道位。菩薩有三個不同的果位：凡夫菩薩、聖賢菩薩、菩薩摩訶薩。只要發了菩提心，就是凡夫菩薩，但是不要一直停頓在凡夫位。該如何進步邁向聖賢菩薩呢？凡夫菩薩的修行歷程，當先修集資糧位上的「十信、十住、十行、十迴向」，再向上進修智慧，經過加行位的「煖、頂、忍、世第一」四善根，必須福慧雙修，才可能超凡入聖。

從初地菩薩到七地菩薩圓滿之間，這第二大阿僧祇劫的修行，稱為「聖賢菩薩位」。第三大阿僧祇劫的修行，稱為「菩薩摩訶薩位」。這二大阿僧祇劫是修道位，所行是嚴土熟生。因為《藥師經》屬於大乘經典，修行者必須知道從凡夫到成佛的整個歷程，超凡入聖的當下，能獲得個人的解脫樂。解脫樂是小量的、個人的，而最究竟的解脫樂，則要從個人解脫樂證起，進而嚴土熟生，達於成佛，才是究竟解脫樂。

從聖賢菩薩轉為菩薩摩訶薩，有一大關鍵是證得「無生法忍」。聖賢菩薩可以證得無生，可以得解脫，但是為了度化眾生而不忍心解脫，甘願為眾生而法忍，所以稱為無生法忍，這是八地以上的菩薩，稱為菩薩摩訶薩。

菩薩摩訶薩和我們密切相關，比如大悲觀世音菩薩、大願地藏王菩薩、大智文殊師利菩薩、大行普賢菩薩，都屬於菩薩摩訶薩，都是大家都非常熟悉的菩薩，隨時和我們的生活相應。當我們感到無助或煩惱的時候，常常會祈求諸佛菩薩，除了

究竟解脫樂

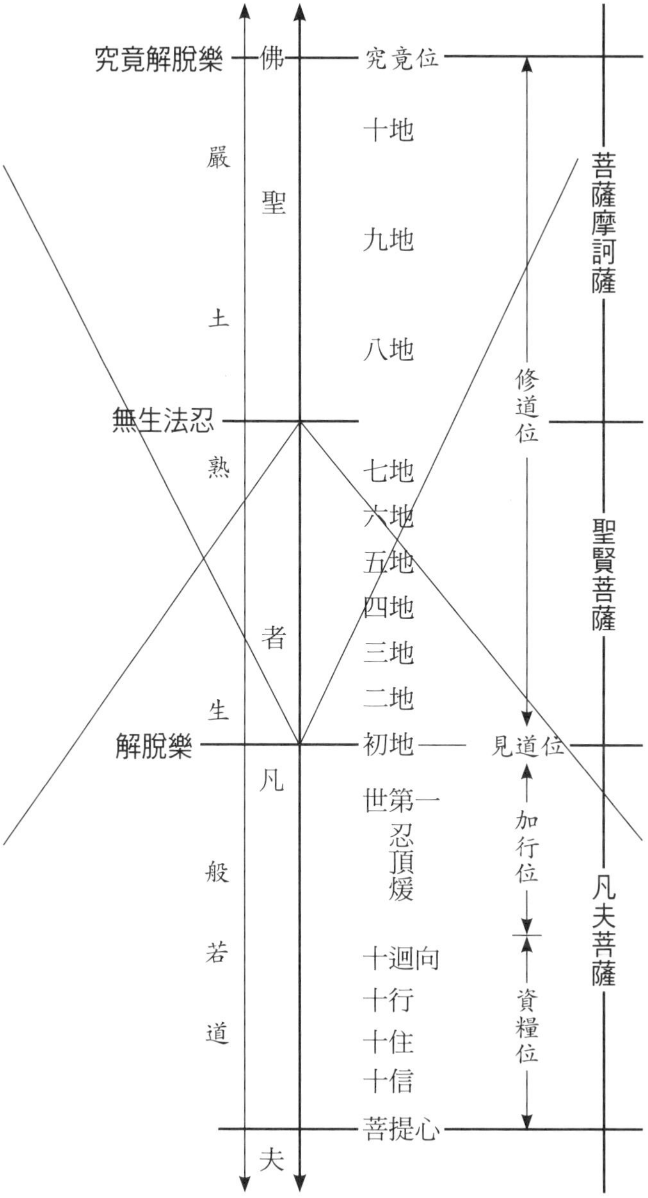
究竟解脫樂
佛
究竟位
十地
嚴
聖
九地
土
八地
菩薩摩訶薩
修道位
無生法忍
熟
七地
六地
五地
四地
三地
二地
聖賢菩薩
者
生
解脫樂
初地
見道位
凡
世第一
忍
頂
煖
加行位
般
若
道
十迴向
十行
十住
十信
資糧位
凡夫菩薩
菩提心
夫

佛陀以外，我們大部分都是先祈求菩薩摩訶薩的護佑。

修行可分為小乘聲聞乘和大乘菩薩乘，聲聞乘所驗證真理的質，和佛陀成佛所驗證真理的質，在質上來說，兩者是一樣的，但是在量上是不一樣的。宇宙人生真理法則，不只是理解法則和驗證，更重要的是實踐。如果只求個人的驗證，真理確實會如實地現前，但是量是很小的，這樣的真理現象也就是真如，就像是一道曙光而已，但是成佛的真理現象是盡虛空界，無量無邊，就像光芒萬丈的太陽能普照大地。一道曙光和晴空萬里相差甚遠。在質上，一樣都是太陽光，但是在量上，卻是天壤之別。

因此，解脫的關鍵在於對真理法則的理解。我們透過聽經聞法學習真理法則，不只要聽聞、思惟，還要化為生活的實踐，在我們的生生不已的生命之流，用生命的累積來實踐，才能在量上成長。

唯有透過生命的實踐，才能累生累世地、不斷地累積福報因緣和智慧資糧，我們如果只有今生用功的話，一輩子只能以幾十年儲藏功德，能熏習的福德與智慧是非常微少的。我們常常欽佩一些高僧大德，為什麼他們今生能擁有不可思議的大智慧和大願心？他們展現的都是累生累世厚積而成的福報與智慧資糧。我們之所以修養不足，是因為不懂得累積修行資糧，一直活在忙亂的生活中，所以只能呈現這輩子的特質而已，然後下一輩子又糊里糊塗重新開始輪迴了，這樣是很冤枉的。因此，要透過信願來累積修行的資糧，信願會帶來很大的一股力量，讓我們能朝向成佛的方向邁進。

解脫的關鍵在於智慧，懂得修行的人，是透過智慧來信仰佛法的，信智合一，真正理解和實踐佛法。雖然只要信智合一，我們個人也有解脫的能力，但是這種證量很少。倘若信智合一後，還能發出強大的願力，願意生生世世行菩薩道，不只這輩子如此，下輩子還要如此，此願無有窮盡，這樣的量便會廣大到無法計量。

有句話說：「聲聞體會的空如毛孔空，菩薩體會的空如太虛空。」意思是聲聞所體證到的空，如毛孔般的小小空；而菩薩所體證到的空，因為心量大，如虛空的空。毛孔的空和虛空的空，質上一樣是空，但是在量上相差甚多。性空是真理法則，性空是緣起性空的空，不是空空如也的空。為什麼《大般若經》、《金剛經》、《心經》等般若經典，一直談論性空呢？因為我們要依此真理法則，生命過程才有可能解脫生死煩惱。因此，學習般若智慧非常重要。

但是如果只求個人解脫離苦，人格仍然不夠健全，還必須要有慈悲心，憐憫眾生苦，不僅自己要能解脫，也要幫助其他眾生同得解脫，所以要發願行菩薩道。因此，信願、慈悲、智慧就是「學佛三要」，學佛離不開這三種綱要。

從我們這一輩子起的「現法樂」，到「後世樂」、「解脫樂」，乃至於成佛的「究竟解脫樂」，其實都有層次上的差別。但是以現代人來說，初學佛者最重視的可能還是現世的現法樂，因為社會型態的改變，物質文明的發達，而現代科學所講求的，都比較是看得見的、聽得到的、能實驗的，能讓人直接感受生活有所改善，消災解厄、增福延壽是我們生活中「最理想的目標」。因此，重視現世樂的《藥師經》，便特別契合現代人的需求。

（二）東方淨土與中國

東方淨土和中國特別有緣，中國人修持藥師法門感到格外相應。所謂的東方和西方，其實是站在我們這個娑婆世界來看，從地球約定俗成的說法，稱日出的地方為東方，日落的地方為西方。

由於佛陀誕生在印度，如果以印度為中心來看待世界，印度的東方是中國這一帶的東方世界，印度的西方就是歐美的西方世界。西方世界比較偏向一神教，如基督教、伊斯蘭教，希望死後求生天國，他們其實也是在求後世樂。東方世界如中國人的觀念，則是比較現實一點的，比方儒家主張修身、齊家、治國、平天下，以現世今生為主。孔子說「未知生，焉知死」，不談生前，也不談死後，孔子比較重視人的有生之年這一段。因此，以東方文化思想來說，特別注重現生的現象，所以中國文化從而發展出姓名學、地理、風水學等傳統方術，這些都是在談有生之年的種種現象，從現象層面來幫助人們改善生活和運勢。

中國人講究修身、治國、平天下，學而優則仕，非常務實，重視實用的政治哲學，認為學習知識就是為了要利濟天下，偏向以現世為主，所以東方淨土法門不但能和中國文化相互結合，也能適應中國人的民族性。

西方淨土和東方淨土兩者相比，東方讓人想到旭日東昇，充滿生命活力；西方則讓人想到夕陽西下，一片暮氣沉沉。如果以人來做比喻，年輕人是旭日東昇，生機蓬勃；而老年人則是夕陽西下，老態龍鍾。東方淨土法門充滿了生機，能適應希求現生樂的眾生，讓人能在有生之年獲得改善；而西方淨土法門則能適應求來世的眾生，雖然這輩子快要夕陽西下了，卻不表示生命就此結束，還是有來世的，所以對來世還是可以充滿希望。

東方淨土法門比較以現法樂為主，而其他宗教一樣也會有現法樂，如何具有現法樂呢？比方行人天乘法，遇到貧困的家庭，可以救濟他們現實生活所需；遇到能力不足的工作新手，可以分享經驗協助他度過難關。這些都能在現世讓生活獲得改善。但是這些善行其實修人天福報的成分居多，而佛法最可貴處在於解脫樂，要透過智慧才能解脫。

佛法本於佛陀的解脫樂，而雙開東、西二淨土，同樣弘揚現生和後世的樂。但是以東方來說，更重視現生樂的法門，也更適應現代人的一些根性，所以太虛大師特別倡導藥師法門。藥師法門非常能適應現代人類，從而發揮佛法的大用，尤其在佛教岌岌可危的民國初年，社會大眾普遍認為人死為鬼，僧眾多忙於超度亡者趕經懺佛事，沒有機會弘揚佛理。因此，太虛大師不斷地提倡「人生佛教」，而印順導師則在大師之後，提出「人間佛教」的觀念，也就是說佛法非常重視生命當下，希望透過心念的轉換，在當下就能夠有所改善。從人生佛教發展到人間佛教，也一直非常注重現在性。

所謂的現在，是由無始劫的過去世來到現在世，不管我們現在擁有多少的福報，都是過去世累積的結果，而我們的現在世，則是又繼續種植未來的因緣，所以會持續影響到未來的果報。因此，現在世本身是承先啟後的關鍵點，未來的人生能否活得清楚明白，關鍵也在當下此時、此地、此人。現代佛法之所以能夠如此興盛，就是因為能將佛法現代化，重視大眾的需求，讓人在生活中受用佛法，能立即感受到學佛的快樂。

當人們發現自己只要接觸了佛教，就能立刻得到現法樂，自然就會歡喜學佛。比如我們受到佛陀的教導，情緒比較容易平穩安定，想法會變得比較豁達自在，這些都是可以很快地獲得改善的。人在思想上的改變是可以比較快速的，從唯識學來看，第六識的可塑性是最大的、最容易的，所以從思考模式做改善，速度是最快的，也最容易感受到改善的程度。藥師法門帶來的現法樂，既適合中國人特性，也非常合乎現代人追求現生安樂的趨勢，所以在中國從古至今都深受人們歡迎。

（三）依藥師淨土創建人間淨土

很多人聽到藥師佛的第一印象，立刻想到「消災延壽藥師佛」，也通常是在需要消災延壽時，才會祈求藥師佛，卻很少理解藥師佛是如何成佛的。

所有的成佛者，都必須發願行菩薩道，要從凡夫菩薩位到聖賢菩薩位，再到菩薩摩訶薩位，經歷這三大階段的果位之後，才能成佛。藥師佛在成佛前也是菩薩，就像彌勒佛未成佛前，稱他為彌勒菩薩。

在成佛過程中，修行者卻往往容易忽略了行菩薩道必須先發願。想要成佛必須先發大願，發什麼大願呢？願可分為通願和別願。

通願是一切諸佛都必須發的願，也稱共願。即使我們只是凡夫菩薩，也要發通願，比方〈四弘誓願〉：「眾生無邊誓願度，煩惱無盡誓願斷，法門無量誓願學，佛道無上誓願成。」這是菩薩道上的通願。

別願是個別的願，也是成佛前行菩薩道時，個別成就的願力，是在因地修行時所發的根本誓願，也稱本願。例如阿彌陀佛行菩薩道時所發的四十八大願，就是阿彌陀佛的本願。

藥師佛在行菩薩道時，發了十二大願。藥師佛的十二大願和阿彌陀佛的四十八願不一樣，所以會成就出不同的世界，並且感召不同的同願同行者，各有與自己相應的常隨眾。菩薩在行菩薩道時，會感召同願同行者，這就是「因緣法」，會一直不斷地排列組合。

我們常說物以類聚、同聲共氣，很多高僧大德都有各種不同的法門，而能感召不同的聽眾、常隨眾。他們在行菩薩道時，都會感召同願同行者，而並非只有自己一人獨自孤軍奮鬥。菩薩一旦想要利益眾生，就需要更多的人來共同完成，讓大家都有機會發願行菩薩道。同願同行者會自然地聚合在一起，比方有的法師以信願入門，就會感召信願行的信眾們；有的法師從慈悲心入門，就會感召慈悲心重的信眾們；有的法師從智慧入門，就會感召比較重智慧的信眾們。這些都是很自然的排列組合，沒有誰對誰錯，沒有此高彼低，也不必在意信眾數量或多或少，最重要的是不要失去佛法的本質，不要為個人的名聞利養而聚眾，而是為了利益廣大眾生而存在，就如佛菩薩為了利益眾生，自然會感召同願同行者。

我們如果能如此理解，藥師佛行菩薩道時因發了十二大願，而成就了東方淨琉璃世界，我們在娑婆世界中，也是一樣可以如此發願，即使所在之處是穢土，將來也能轉為淨土。許多淨土世界都是因著大菩薩發大願的緣故，而能感召許許多多同願同行者共同來成就淨土。同樣地，我們的娑婆世界也可以如此，感召同願同行者讓穢土轉為淨土，共同改造目前汙穢的世界，預約人間淨土。

我經常舉例說，在過去二、三十年前，大學畢業後想讀研究所進修，往往必須出國；但是現在國內的教育普及，不一定非得出國深造不可。無論想取得碩士或博士學位，都可以在我們這塊土地上學習，並奉獻在這塊土地上，一樣也可以造就這塊土地的百年樹人教育大業。

萬事萬物都各有因緣，孰是孰非無法論斷。所謂的因緣法，是自動地排列組合而成。以修持藥師法門來說，我們應該祈求藥師佛的恩德加被，因為只要我們與藥師佛的願力相應相契的話，就會受到藥師佛圓滿功德的福蔭。為什麼會受到福蔭？因為藥師佛行菩薩道時曾經發過大願，而功德圓滿成佛，他的功德如同一棵巨樹。

只要我們能夠與藥師佛的願力相應，就像在烈日陽光的照射下，看到一棵大樹矗立在旁時，必然毫不猶豫地立刻躲到大樹下，就會得到樹蔭的福蔭，頓感涼爽舒適。我們如果能學習藥師佛在菩薩道因地上所發的大願，願願相應，將會獲得藥師佛功德的福蔭。

何謂因地？就是指圓滿成佛前，在行菩薩道的時候，行菩薩道是因，成佛是果。因為種下了菩提的種子，才能持續完成成佛的圓滿果報。阿耨多羅三藐三菩提是菩提果，也就是佛果。我們現在發菩提心，要在菩薩的因地上好好地行菩薩道，以自利利他，不但清淨自己，也讓眾生有清淨修行的機會，共建人間淨土。

修持藥師法門，不能只求藥師佛加被，還要發願自己能夠成長，培養度化眾生的能力。在初學佛的時候，我們像孩子學步，需要別人來扶持，當自己日漸強壯起來後，則要協助更多的人，共同完成人間淨土。

二、藥師法門的治病特色

《藥師經》是《藥師琉璃光如來本願功德經》的簡稱，經題共有三個名稱：

第一個經題是《藥師琉璃光如來本願功德經》，藥師佛如同琉璃光一般的明淨，是因為發了十二個本願而成就的。

第二個經題是《十二神將饒益有情結願神咒》。我們可以把本經當成是神咒，因為有十二藥叉大將發心護持藥師法門。為什麼十二藥叉大將會守護本經呢？因為藥師佛在行菩薩道的時候，發了十二大願，而感召十二藥叉大將的護持。

第三個經題是《拔除一切業障經》，修持藥師法門，將能拔除我們的一切業障，尤其是在今生的現生樂上，可以消災解厄，增福延壽。

這三個經題裡，最普遍的名稱是《藥師琉璃光如來本願功德經》，因為拔除眾生業障是藥師佛的最大願力，而十二藥叉大將是護持藥師法門者，所以能完整尊稱藥師佛名號的《藥師琉璃光如來本願功德經》，最為通行。

在解說經文前，先認識《藥師琉璃光如來本願功德經》經題「藥師」的意思。

（一）大藥師和小藥師之別

《藥師琉璃光如來本願功德經》的「藥師」是什麼意思呢？現代人看到藥師二字，通常只會聯想到藥劑師，而不會想到醫師，但是在中國古代，醫、藥是結合在一起的。佛陀能治療所有眾生的種種疾病，眾生除了有生理上老、病、死的病，還有心理上貪、瞋、癡的病，生病必須尋找醫師來治病，所以佛陀可稱為「無上醫王」或「大藥師」。

身體生病要請醫師診治，透過醫學來治療。求神問卜一類的旁門左道，對身體的幫助並不大，治病一定要行正常道，用正常的醫學解決身體的不適，所以生理病要用醫學治病，但心理病可以尋求佛法來醫治。

人都難免一死，面對死亡的這個部分，真的需要仰賴佛法的力量了。而在人的一生中，種種起心動念產生的貪、瞋、癡煩惱，也需要佛法來做調適。雖然以佛法的真理法則來看，佛法的法語無一不是我們的藥物，而藥師則有小藥師和大藥師的差別。

所謂的小藥師，是指他身上只有一、兩樣藥，所講的法門只有一、兩種，端看自己契機不契機。所謂的大藥師，則是說他有非常多樣的藥方，三藏十二部經，樣樣都是藥方。大藥師能夠深入經藏智慧如海，醫術自然更加高明，能夠看清眾生的種種起心動念，從而對症下藥。諸佛及大菩薩都是大藥師，都是無上的醫王，有能力療癒千千萬萬眾生的各種疑難雜症。

1. 醫生不能醫死

從生理來說，佛教稱身體為色身，色身會經歷生、老、病、死的過程，從呱呱落地出生，長大成人後逐漸地衰老，經歷病苦，最終死亡。有生就有死，這是誰都免不了的。不但色身如此，所有的物質都也免不了成、住、壞、空的過程，我們一旦明白這個道理，就不會拒絕面對生死，而能夠自在接受。

曾經有人問我：「師父！我們能否透過修行達到不生病、不死亡？」我說：「沒有辦法，即使是佛陀也沒有辦法。」佛陀已經明白告訴我們，生、老、病、死是我們凡夫眾生必定要經過的過程。只是在生命過程中，可以透過醫學、運動和飲食營養等種種管道來改善身體健康而已。

然而，改善健康並不能解決生死問題，所以我們說醫生只能醫「生」，而不能醫「死」，唯有佛法能幫助我們面對死亡。如何面對死亡呢？如果我們相信有來世，對於此生生命的結束，就比較不會感到那麼恐懼，因為知道自己的未來方向，所以說所謂的佛法，其實就是在教導我們如何面對生死。佛陀為一大事因緣，而降生在我們這個娑婆世界，就是為了此生死大事。

2.根治心病

病可以粗略地分為身病和心病，佛法幫助我們醫治的是心病。所有眾生的心理都有貪、瞋、癡三毒，這三毒是我們的心病，可以透過佛法來自我調理，進而獲得改善。

其實不僅個人的身心會生病，家庭、公司、社會、國家等團體也都會生病，為什麼會生病呢？因為身體、家庭、公司、社會、國家是眾緣和合出來的，不是單一的個體，既然是由眾多因緣所合出的一合相，所以生病就表示因緣不調和。比如說身體是由地、水、火、風所組合而成，如果身體不舒服就稱為四大失調，而死亡則是四大分離。家庭、國家、團體、社會，也都是如此，如果分子之間不調和，無法建立共識，相互你爭我奪，身體當然就生病，甚至瓦解消失。

為什麼因緣會不調和？最大的關鍵在於內心不調柔。如果我們能理解因緣法，理解佛陀告訴我們的智慧法則，就在因緣法當中。所謂因緣法就是讓我們明白因緣是不能單獨的存在、不變的存在與實有性等自性的存在，因緣是不具有這些特殊性的存在。否定特殊性的存在，表示因緣是完全平等性的存在。所有一切法的現象，都是因緣和合而生，但也是因緣離散而滅的無常相。因緣是性空的，具有平等性，我們之所以會感受到現象的不平等，是因為心生執著，我們要放下自性妄執，才能達於真理現象——諸法實相的現前。我們習慣自以為是，心非常剛強，必須理解到因緣法不具有自性的存在，也就是性空的，才有改變的機會。自性都是我們妄執出來的，能放下自性妄執，也就是所謂的柔順忍，便能隨順因緣而確認平等性，從而調柔習性。

想要調柔內心，就要放下自性妄執，自然能柔順忍，就是徹底地調柔我們的心理。一旦心理能夠調柔，就能如同水一般改變，水無有定相，因緣也是無有定相，眾生需要菩薩怎麼做，菩薩就怎麼做。菩薩為何能恆順眾生，就因為菩薩透過因緣法的體認，放下自性妄執，而達於柔順忍。如果心理是健康的，就能夠柔順忍，身體的毛病自然就會減少。當一個人的身心能夠健康，家庭自能和樂，也能連帶安定社會和國家，所以般若智慧是調柔身心的最重要關鍵。想要改變團體失調的困境，便要從團體的每一個人的心理調柔起。藥師佛的治病方法，即是提供我們身心的調柔之道，不但心可以調柔，身體也可以調柔。其實不只是藥師佛，諸佛菩薩也都教導我們調柔身心的方法，讓我們能不堅持已見，不再自以為是，可透過佛法智慧來調整自己錯誤的觀念、行為和語言，達到身心的調柔。

運用佛法就如用藥一般，能治療我們的心病。《指月錄》有個小故事，文殊菩薩要善財童子去採藥：「只要是藥的，就都採回來吧！」善財遍觀大地萬物無一不是藥，不知道從何採起，所以兩手空空回報說：「大地萬物沒有不是藥的。」文殊菩薩說：「是藥，就採回來吧！」善財童子於是從地上隨手拈起一根草，文殊菩薩高舉著草說：「這藥既能殺人，也能活人，就看如何運用。」

佛法也是如此，其實任何溫暖的、善良的、智慧的話語，句句都能是治療我們心病的藥，重點在於我們能否接受自己生病的事實。哪個人沒有貪、瞋、癡？縱然是出家的法師，也還是會有貪、瞋、癡煩惱，但是出家法師透過修行來努力調柔身心，在家居士只要有這種覺醒的心，也就有修正的機會，不會不斷地迷迷糊糊，流浪在生死輪迴中。

什麼藥最好呢？對症下藥的藥最好！生病沒有一吃就好的萬靈丹，所以我們不只要相信諸佛菩薩的指導，還要靠自己的用功修行。當我們能夠充實自己的修行後，就能理解自己的起心動念，而且不僅能理解自己，由於人性是相通的，也能理解與體諒別人。

因為同樣身為人，所以都有人的共業，所謂的共業，就是都有同樣的感受，心都會隨著煩惱而起伏不定。不只我們苦於貪、瞋、癡煩惱，別人也一樣煩惱不已，但是可以透過修行來改善，轉煩惱為智慧。我們所發的〈四弘誓願〉有一則不正是發願要「煩惱無盡誓願斷」嗎？如何斷煩惱呢？要靠「法門無量誓願學」，才能「眾生無邊誓願度」，最後才得以「佛道無上誓願成」。無量法門要誓願學，我們才度得了無量的眾生，也才能究竟圓滿成佛，所以〈四弘誓願〉是行菩薩道者必須具備的通願、大願。

藥師佛如何為我們治療心病呢？身體生病時，需要先補充元氣，心理生病時也是一樣，要充實自己的內在，才能元氣飽滿。佛法就是法藥，當我們能對佛法有更多了解的時候，心裡也會比較有元氣。強化了心理，便不會是一顆易碎的玻璃心。一般凡夫眾生的心都很脆弱，一碰就碎了。為什麼一碰就破碎呢？因為內心缺少元氣。元氣從哪裡來呢？從深入經藏來。深入經藏，智慧如海，我們隨手拈來都會有藥方，補充了足夠的元氣，任何毛病都對治得了。

藥師法門除注重淨化我們的心，也注重強化我們的心，這些都是治本的方法。如果心有雜染，就容易惡性循環；透過修持藥師法門淨化自心，將可以善性循環。當我們念念光明，人生就會安樂自在。

3. 防患未然治未病

與其生病時才求醫，不如平時就做好健康保養，提昇自己的身心免疫力，也就是防患未然治未病。防患未然是對於還沒有發生的事，預先提防，不重蹈覆轍，並避免足以致病的因素。

預防心病的最佳方法，就是建立正確的知見，也就是理解宇宙人生間千變萬化的真理法則。在真理法則之下，誰也免不了生、老、病、死，逃不過成、住、壞、空的無常現象，既然無人擁有豁免權，與其期望自己能夠例外，不如欣然接受，並用智慧的方式來轉化，這才是上上之策。如果能正確地理解真理法則，也就能有解脫生死的機會，不再受困於今生的色身，並能超越六道輪迴。藥師法門既提供世間樂、療癒世間苦，又能超越世間苦樂之處。生死輪迴是凡夫眾生的大病，若能解脫生死，如同對治眾生的未病。

（二）藥師佛治病妙法

大醫王治療我們的病，方法有治標和治本、正治和奇治，這也是藥師法門的修持特色。

1. 治標和治本

佛法為了救治眾生身心種種的病苦，而有消災免難這個治標的方式，但是治本仍然要靠正確的知見，才能斷除病根。

遇到緊急狀況時，我們自然會先要求消災免難，但是「生、老、病、死」的根本人生問題還是在所難免。因此，即使《藥師經》提及，持誦本經可讓人消災免難，但是不是就此解決了生、老、病、死呢？依然是沒有辦法的。《藥師經》雖然能幫助我們消災延壽，但不可能一直延續到無量壽，為什麼不能一直不斷地延續呢？因為凡夫壽命有限，都離不開生、老、病、死的循環，只是修持藥師法門有助於有生之年避免橫死，能壽終正寢，所以說藥師佛因為發了十二大願，擅長於幫助眾生消災解厄，增福延壽。

並不是所有的眾生都能夠壽終正寢，生命過程中難免遭逢天災人禍，或是生病誤醫、延醫、錯醫，小病變大病，大病變沒命，讓人感到很冤枉，是不該死而枉死，我們就可以透過修持藥師法門，幫助我們在有生之年得以消災免難，增福延壽，壽終正寢，卻無法免於死亡，這是非常重要的觀念，不過這只是治標。

在治本上，脫離不了生、老、病、死，因為脫離生死輪迴的關鍵是智慧，但是修藥師法門至少可以避除九種橫死，讓人得以壽終正寢。像是有人因車禍而昏迷不醒，當生死還是未卜之時，如果當事人有福報因緣，有親友願意協助當事人做消災延壽的佛事，或是修持藥師法門為他祈福，或許會帶來轉機，但是個人的福報因緣也必須眾緣和合。如果病人具足了福報因緣，可以有機會甦醒康復；但是如果年紀已經近百歲了，還可能不斷地延壽到一、兩百歲嗎？不可能，因為人生終究還是免不了死亡。

藥師法門幫助我們延壽的目的，是希望我們能善用有限的生命，好好學佛，理解佛法的智慧。當我們能理解佛法智慧，確實地依教奉行，我們會發現「苦難不消而自消，福慧不增而自增」，這是什麼意思呢？主要是放下執著。

《心經》說：「觀自在菩薩，行深般若波羅蜜多時，照見五蘊皆空，度一切苦厄。」為什麼「照見五蘊皆空」能夠「度一切苦厄」？我們的苦厄來自於執著，最深的執著就是自性妄執，性空就是破除自性妄執。所以是透過「照見五蘊皆空」，而能「度一切苦厄」。如何能夠照見五蘊皆空？因為行深般若波羅蜜多，透過性空將五蘊觀空，而得以度過苦厄。「空」是因緣法的「空性」，也是平等性，因緣是完完全全平等的，只因為我們各有所執著，造作各各不同的業力因緣，而呈現出不同的果報體。

如果我們有佛法的智慧，能夠深觀因緣法的平等性，至少可以初步地化解內心的忿忿不平，懂得因緣法而不起執著，就會比較豁達，很多事將不再斤斤計較。很多災厄其實是從執著與計較來的，明明只是芝麻綠豆的小事，卻缺少智慧而執著不放，因執著計較而將小事變成大事。如果我們有智慧的話，大事將能化為小事，甚至是無事，就可以度一切苦厄。能夠度一切苦厄，是因為我們理解因緣法，覺得沒有什麼好爭的，可以接受眼前的因緣，隨緣盡分而已。隨順因緣很重要，不再強與人爭，自然能夠讓人消災免難，增福延壽。

藥師法門在治本方面，必須透過智慧來悲智雙運，尤其是修智慧，才能究竟解脫生死苦痛。在治標方面，則要切實地依教奉行，先修福報。佛陀教導我們的智慧名為佛法，但「修福容易，修慧難」，修福報可以透過布施供養的方式，由公益團體替我們廣結善緣，即可修得福報。但是修智慧就得自己親力親為，一定要下過工夫，才能有所理解與體會，必須如法地去實踐。

修智慧之前，要先有善業基礎，才修得了智慧，所以種下善因善緣是非常重要的。種下如是因緣，果報自然如是自來，所以說「苦難不消而自消，福慧不增而自增」，這是因為有智慧，可以悲智雙運的關係。因此，欲求消災免難，增福延壽，既要修福報，也要兼修智慧，就能本標兼治，既可以治標，達到消災免難和增福延壽的效用，也具有增長智慧治本的功能。

2.正治和奇治

佛陀為眾生治病的方式可分為兩類：一種是正治，另一種是奇治。

什麼是正治呢？就是正常的治療，屬於一般的治療方式，奇治則是特殊的治療方式，特殊在哪裡呢？比如毒藥雖然會害人，但是如果用得恰當，劇毒的砒霜也可以拿來當藥救命，但是這種治法是奇治，不是正治，是在緊急狀態下，所不得不採取的特殊藥方。由此可知，奇治不容易，而且具有危險性，所以採用正治會比較穩當安全。

以佛法來說，什麼是正治和奇治呢？「無我」是根本的正治。之所以會說無我，是透過因緣法而來的，什麼是因緣法呢？就是「緣起性空」。不但我是性空的，一切法也無不是性空的。懂得性空的道理，便能對自身不過於執著，畢竟所謂的這個「我」，無非也是眾緣和合出來的「假我」。

「假我」是四大假合、五蘊和合出來的我，所以不是單一、不變的我。世間沒有能主宰一切的我，如果我真能有主宰力，就應該能永保健康、美麗、年輕、快樂，但是我能主宰得了嗎？我是主宰不了的，正是因為我是眾緣和合出來的我，是性空的我。所謂的「無我」，就是說「我是性空的」，這是正治，透過因緣法是正治，透過智慧是正治。

一般人很難理解什麼是無我，甚至很害怕談論無我，認為明明就有我啊！於是難免曲解佛意，抹煞因果，佛陀不得不又說有我，這就是一種奇治。其實所謂的「有我」，有，只是一種現象而已，現象是隨時都在無常變化中。今天的我和明天的我一樣嗎？肉眼看起來幾乎一模一樣，但其實不只細胞在老化，心情在變化，至少人也是老了一天的我，所以每天的我都不一樣。我們現在看到的這個我相，只是一時間的現象，不需要執著這個我相，我相隨時都在改變，而要心不執著，就需要透過「無我」的觀照。

佛陀在世時，印度人也是不斷地思考：到底如何才能解脫生死。印度人特別會思考生死解脫的問題，許多外道都提出不同的說法，有神我、有大我、有真我、有梵我……，唯有佛陀提出「無我」，而這才是真正根本的解脫之道，讓人有機會從有我的執著達於「無我」的解脫，得到真正的解脫。

雖然《藥師經》的內容重點不在於談論性空學，不像般若經典深談無我空慧。但是正確的治療，其實需要具備「無我」的智慧，也是治本之道。由於一般人沒有這樣的智慧，難以接受「無我」的觀點，佛陀也很善巧方便說，一樣可以講「有我」。像唯識系其實也講「我是唯識所變現出來的我相」，所以是有我相的，真常唯心系則是講「以佛性為我」，還是可以從有我的角度來講有心有識的這個我，而這就是一種奇治，以正其偏弊。

奇治是相對應於正治，如果無法進行正常的治療沒關係，還是可以用其他的方式來處理。所以說正路雖然遠，但是比較平坦易行，而曲道雖然近，但是比較崎嶇危險。應該採用正治或奇治，並沒有絕對的療法，要看當下的因緣和個人的修行根機，來思考適合用何種方式治療調整。

三、藥師佛的淨琉璃世界

由於所有佛都能治療眾生的疾病，所以「藥師」本可為一切佛的通稱，一切佛都是無上醫王，都是大藥師。但是東方淨土的如來，特重於消災免難和治療眾生的心病，所以特以藥師為名。

（一）琉璃光的涵義

藥師琉璃光如來的佛號，之所以有「琉璃光」，是因為白晝於萬里晴空中具有此種特質，充滿光芒。「琉璃光」是什麼意思呢？琉璃光的顏色，猶如無雲的碧藍青空，又如深藍色的澄清深澈海水；質地則堅固如金剛鑽，是非常希有的珍寶。因此，經典以琉璃寶所發出來的光輝，代表藥師佛的德行。

所謂的琉璃寶，也稱為遠山寶。佛教認為世界中心是須彌山，山的四周有四大部洲：北方的北俱盧洲、西方的西牛賀洲、東方的東勝身洲、南方的南贍部洲。南贍部洲又稱南閻浮提，就是我們所住的世界。而東方的淨琉璃世界，正好位在我們面對日出的山峰，所以透過面對日出的山峰，所映射出來的琉璃寶光，正好讓我們看到白天青色的天空。

由此可知，東方淨琉璃世界和我們娑婆世界很有因緣，很相近，也很相應，所以地球日出後的天空和海洋顏色，也都和琉璃光的反射有關。

佛菩薩都是依著德行來立名，比方阿彌陀佛的名號意思是無量壽、無量光，是以無量壽、無量光來顯示佛陀的聖德。因此，藥師佛名為「藥師琉璃光如來」，琉璃光也就是藥師佛的德行所顯現。

（二）日光遍照和月光遍照菩薩

琉璃光的涵義，可分別從「眾生的心境」和「佛陀的證境」兩種不同的角度來看待。眾生的心境是指眾生的正報，也就是從被度化的眾生的心境來說；佛陀的證境，則是從化主本身來說。

釋迦牟尼佛有文殊和普賢為脇侍菩薩，阿彌陀佛有觀音和大勢至為脇侍菩薩，而東方淨琉璃世界藥師佛身邊的脇侍菩薩，則是日光遍照菩薩和月光遍照菩薩。從

「眾生的心境」來看琉璃光，其實可透過日光遍照和月光遍照的關係來理解。

日光和月光代表不同的涵義，日光象徵智慧、熱情，月光則是象徵慈悲、寧靜。其實修行的過程，都離不開智慧與慈悲，就像釋迦牟尼佛身邊的文殊菩薩以智慧為主，普賢菩薩則以慈悲為主。從凡夫修至成佛，所行的菩薩道都離不開慈悲和智慧，延續智慧與慈悲的力量則來自信願。讓我們生生不已的生命之流能夠不斷地延續，信願是一個很重要的力量，透過生生不已的生命之流，不斷地累積我們智慧和慈悲的道心、道業與功德，乃至於圓滿而成佛。

從「佛陀的證境」來看琉璃光，琉璃光就是智慧和慈悲的圓滿，是佛陀的自覺、覺他到覺行圓滿的境界，就是「如如智契如如理」。凡夫每一輩子都有不同的「生得智」，生得智是過去宿世累積出來的智慧，透過「加行智」將累世的善根因緣，繼續累積學習佛陀的真如實智，達於超凡入聖的根本無分別智——涅槃，也就是完全與真如實智相應相契，即是證得如如智。如如智是完全相應相契於佛陀教導的真理法則——緣起性空，證得諸法實相，也就是契應真理現象的真如實理——如如理，所以稱為「以如如智契如如理」，即是以真理法則的般若智慧證得真理現象的諸法實相。驗證諸法實相乃諸法平等平等相的法界中，顯發無邊的光明，平等無差別的聖者境界，即是分證佛陀的法身，驗證「佛陀的證境」。

佛陀的境界是「等視眾生如羅睺羅」的平等世界，而凡夫眾生所見的境界卻是不平等的世界。為什麼我們會不平等呢？因為我們都帶著宿世「自性妄執」的習氣，因為有執著，就會有分別心，就會呈現出有差別的世界，所以無法平等地看待這個世界。比如我們經常抱怨人為何生來就不公平，為何別人出生於富貴家庭，自己卻生來貧困？為何別人那麼聰明，自己卻這麼笨？為何別人那麼美麗，自己卻這麼醜陋？……。這是相上的不平等，一旦起了差別心，不是怪父母，就是埋怨老天不公平，於是內心痛苦煩惱不已，深陷生死輪迴。我們之所以會起種種的差別心，是因為每個人各有所執著，才會覺得有所不平。其實因緣法是最公平的，別人並非平白無故就能富貴，我們也不是平白無故就生來貧困，這都和過去生所造作的因緣業力有關。

每個人都有富貴的因緣，如果想要將來富貴，就要看自己現在如何廣結善緣，能不能盡心盡力。長相莊嚴的人，是因為他過去生持戒精嚴，做人處事很有分際；

而長相醜陋的人，可能是因為他過去生行為不端正，待人粗暴。因此，因緣法是公平的，只要能明白果報由因緣和合而生，便知道世間沒有不公平的事。只是因為我們不理解因緣法，所以才會忿忿不平，無法接受現實果報。

「以如如智契如如理」是非常重要的，般若智慧專門於真理法則的觀照，當般若智慧達於完全契合（如）「真理智慧」——「如智」，即為「如如智」，自然與「真理法則」——「如理」完全契合（如），稱為「如如理」，這就是「以如如智契如如理」，才可能理解所謂的平等法性達於平等法相。緣起性空專門在談法性空慧，只有透過因緣法才可能驗證一切平等的真理現象。而也只有在平等法性的因緣當中，才有智慧可言，才可能慈視所有的眾生如同自己的孩子。諸佛菩薩之所以能夠成佛，必定是經過這樣的心路歷程，就像日光遍照、月光遍照菩薩，如此日光的熾盛光明，月光的皎潔明亮，如果我們願意發菩提心的話，也是可以如此成就佛道的。

因此，所謂的琉璃光，是代表著無上的菩提心，契證法界的德行。以琉璃光為主，日月運行於其間而放射其光明，其實也是從琉璃光，而起種種妙用，而能救治世人的一切無明黑暗與苦難病患。

（三）如來的三個意義

所謂如來，如來的「如」字，就是真理現象，這也是為什麼稱佛陀為如來的原因。如來的有三個意義：如來、如解、如說，這三者都是佛的功德。

1. 如來

所謂的如來，就是完全契合真理現象而來，和真理法則的所有一切現象，完全契合在一起。很多人學佛後會納悶，自己所理解的世界，為何和真理現象差距那麼遙遠呢？這是因為不理解真理法則，所以差距自然遙遠。從凡夫眾生到成佛的修行歷程，其實就是讓我們和真理法則逐漸相應相契的歷程，直至成佛時的完全相應相契，智慧與慈悲的力量才能夠盡虛空、遍法界。

而成佛之前，我們就好像一台焦距調不準的相機，無法看清真理的現象。我們的學佛過程，就是一直不斷地調整焦距、調整眼光，將本來非常好惡分明的差別心，調整為不執著的心，才可能有機會慢慢地讓心逐漸平等，真正看到平等的真理現象。第一次看到真理現象的時機，是在超凡入聖的那一刻，但這只是個人的小解脫而已，還是不夠的。

所謂成佛，是盡虛空界，所見完全都是無雲的萬里晴空，光明普照，和真理現象——真如完全契合，所以稱佛為如來。

2. 如解

如解是對一切法正確理解，不顛倒錯亂。我們之所以無法像佛陀一樣如法理解實相，是因為經常起顛倒相，無常計常，無我計我，和真理不相應、不相契的關係。真理的一大特質，就在於平等不二，佛陀所看到的眾生，是一律平等的現象。我們的心之所以不平等，是因為心被雜染所形成的烏雲，遮蔽了驗證真理現象的視野，但只要依循佛陀教導的真理法則而精進不退轉，終能得見真理現象的曙光！

3. 如說

《金剛經》說：「如來是真語者、實語者、如語者、不誑語者、不異語者。」——佛陀不但解悟正確，說法也如實而說，希望為我們詳細解說所見的真理現象，讓我們產生信仰心。然而，我們受限於宿世的經歷，看事的角度總會偏頗，內心總有執著。比如說經常出國的人，來到國外後，愛好車子的人專看車子，愛好建築的專看建築，愛好園藝的專看花木……。每個人喜歡事物的角度不一樣，和自己的習性有關，但是當見到了真理現象，所有的語言都顯得多餘了。我們如同處身在世間法的烏雲裡，想要看見光明，必須依著中觀智慧、緣起性空，不斷層層向上爬升。

總而言之，如來之所以是「如來」，是契合平等不二的真理而來；之所以是「如解」，是因能以無上智慧清楚看待世間，能如法地實相了解；之所以是「如說」，因為佛是真語者、實語者、不誑語者、不異語者。

《藥師經》一直不斷地告訴我們真如現象是什麼樣子，萬里晴空又是何番景象。所謂佛佛道同，只要我們能看到真理現象，感受到萬里晴空的自在無礙，就自然明白了。

（四）藥師佛的本願功德

《藥師琉璃光如來本願功德經》的「本願」，是指個別的別願，藥師佛行菩薩道時所發的十二大願，以及阿彌陀佛行菩薩道時所發的四十八大願，都屬於個別的本願。所謂的功德，必須依著本願去實踐，所成就的功德就名為本願功德。藥師佛是透過他的本願，而形成無量的功德，所以稱為「本願功德」。

學佛一定要先立定志願，從願起行，依行得證。所謂的證，就是你到達什麼程度，所看見的就是什麼世界。修行需要具足信願、智慧和慈悲，信願是修行推動力，智慧能解脫煩惱，慈悲能累積福報，所以修行要福慧雙修、悲智雙運，成佛後便是福慧具足。簡單來說，學佛的信願是力量，智慧是階梯，慈悲是資糧，三者缺一不可。我們與藥師佛同願起行、依行得證，每一個階段都是在證悟，都是在證實佛所說的無誤。

佛經的「經」，和中國人所說的《詩經》、《易經》的經是不一樣的。因為佛經的經，應該包括契合的「契」字：上契諸佛所說之理；下契眾生可度之機。如果佛陀所說的真理法則，與我們不相契的話，就是與眾生無關，便度不了人。因此俗話常說「佛度有緣人」，佛法要和眾生的根機相應相契。

佛陀在世，隨機說法、觀機逗教，佛陀入滅以後，由佛弟子們結集成一段段、一章章、一部部的經典。若不加以編集，就難以保存到久遠，因此將佛陀所說的法語都結合為經典，是非常重要的。雖然佛經所說都是佛理，但是巧妙各有不同，就好像各種藥方有不同作用，有的醫頭痛，有的醫腳痛，有的醫全身，佛經也是如此，修行歷程會遇到不同的問題考驗，經典會告訴我們現在所處的是哪一個階段，修行的重點在哪裡，比方《華嚴經》會告訴我們成佛的一真法界，專門談論成佛的境界。《阿彌陀經》告訴我們發願往生西方極樂世界，正報與依報的莊嚴。佛陀所說的法，是究竟的真理與德行，提供我們永久的學習與依循。後來佛弟子們又根據佛經而造論典，如果是唯識論典，則會告訴我們由凡轉聖的過程，有哪些階段和景色。

至於《藥師經》，則著重在培養信願心和實踐力，藥師法門屬於淨土法門，必須具備信、願、行三大資糧，比較不強調以智慧力跳脫世間煩惱。般若經典則比較重視透過智慧力解脫世間的束縛。法門沒有高下，不同的經典就像不同的藥方，具有不同的藥效，所以我們對於經典，要能大概理解自己現階段需要的是哪一種藥方，用於調治什麼問題，才能對症下藥。

雖然法藥沒有哪一個藥方最好或不好，但是一定有些基礎方，如果沒有學佛的基礎，也很難運用藥方治病。因此，佛經各有不同巧妙，但還需要契合我們的根機，我們才會願意接受，並且用心實踐。

（五）譯本和翻譯者

《藥師經》在中國共有五個譯本，我們現在所採用的是玄奘法師的譯本《藥師琉璃光如來本願功德經》❶，此為第四譯。

1. 東晉帛尸梨蜜多羅法師譯本，名《佛說灌頂拔除過罪生死得度經》，附於《佛說灌頂大神咒經》。
2. 南北朝劉宋慧簡法師譯本，名《藥師琉璃光經》。
3. 隋代達摩笈多法師譯本，名《佛說藥師如來本願經》。
4. 唐代玄奘法師譯本，名《藥師琉璃光如來本願功德經》。
5. 唐代義淨法師譯本，名《藥師琉璃光七佛本願功德經》。

五個譯本裡，慧簡法師所譯的《藥師琉璃光經》已經佚失，而前三種譯本內容大致相同，重點皆為介紹藥師如來一佛，只有義淨法師的譯本擴及藥師七佛，所以內容較之前譯本豐富。玄奘法師的譯本最為通行，經中藥師佛所說的神咒，為後人從義淨法師譯本新增，八大菩薩名號則由帛尸梨蜜多羅法師譯本補入。

《藥師琉璃光如來本願功德經》的譯本，為玄奘法師奉唐太宗皇帝旨意所譯而成。由於玄奘法師不僅是位大譯師，還通曉經律論三藏，所以尊稱他為三藏法師、玄奘三藏。如果沒有玄奘法師歷經千辛萬苦，從印度攜回經典，並完成浩大的譯經工程，我們就沒有持誦《藥師經》的機會。感恩玄奘法師的最好方式，就是用心修持藥師法門，並廣為流通《藥師經》。

❶本書的經文譯本用字和新式標點，採用CBETA收錄的印順導師著作《藥師經講記》，並修改部分古今異體字，以方便閱讀。

〈第二篇〉

藥師佛的十二大願

一、如來說法

如是我聞：

為什麼大部分的佛教經典，都是從一句「如是我聞」開始呢？這是阿難尊者在佛陀涅槃前，特別請示當佛陀不在世間後，所結集的經典要如何讓人生起信心呢？佛陀於是指示，結集經藏時，都在經文開始前加上「如是我聞」。因此，阿難尊者在結集經典時，尊重佛的吩咐，經首都用「如是我聞」四字，意思是：「這是我阿難聽佛親口所說的。」

所謂的「我」，是六根、六境與六識的總和。如何知道我是不是存在呢？除了要依著眼、耳、鼻、舌、身、意六根的感覺神經系統的生理作用，緣著色、聲、香、味、觸、法六境的物理作用而二大類作意，還要引生眼、耳、鼻、舌、身、意六識的心理作用，六根、六境、六識三大類和合生「觸」，能夠作用，才能意識到有一個「我相」的存在，因此我相是十八界和合的我相，是眾因緣和合的我相。

有人可能會感到疑惑，佛法不是說「無我」，為什麼這裡卻說「我聞」呢？就如我們明明有眼、耳、鼻、舌、身、意，《心經》為何說「無眼、耳、鼻、舌、身、意」？「有」和「無」究竟有什麼差別呢？

佛陀告訴我們萬法都有法則，從「有」來看，果報的法相，是現象的問題；從「無」來看，則是因緣的法性空慧的空性。法性空慧是透過因緣空來說，所謂的「空」，是表達因緣的特性，否定因緣的單一、不變與實有的主宰性，是在否定存在。所謂的「有」，是在講「相有差別」，有眼、耳、鼻、舌、身、意現象的變化差別。比方早上身體很健康，下午吹風受寒就開始一直在咳嗽。由此可知，雖然有眼、耳、鼻、舌、身、意的現象存在，但是眼、耳、鼻、舌、身、意的相有差別，卻並非固定不動或一成不變的。

《心經》之所以說「無眼、耳、鼻、舌、身、意」，是在講因緣法性，也就是強調性空，為什麼說六根性空？意思就是說，六根在由眾多因緣的和合與離散的過程中，是不斷地在變化的，變化無常就是因為性空的關係，所以說「無」，是講因緣的變化無窮。

我們平常所說的「我」，是在講「現象」，而無我的「無」字，是指我是「性空」的。雖然有「我」的現象，卻是不穩定的現象，會因為性空的緣故而不停變化，因此《心經》說：「無眼、耳、鼻、舌、身、意，無色、聲、香、味、觸、法，無眼界乃至無意識界，無無明亦無無明盡。」我相是由十八界因緣排列組合的，隨時都在變化，所以說「無我」，但仍然是有我相的變化。

不只我是性空的，我們所存在的時間、空間也是如此。比如說何謂「現在」？到底是指現在的一剎那、現在的一分鐘、現在的一天、現在的一年，還是指現在的一輩子？其實，「現在」是眾因緣組合被比較出來的，時間是可長可短的。相對於現在，之前的時間是過去，之後的時間是未來，這是相對出來的，不是絕對的。甚至，當我們聽到精彩有趣的課程時，會覺得時間過得好快；聽到枯燥乏味的課程時，則覺得時間過得好慢。因此，時間的長短，並非固定的。

經過這樣的一番解說，應該能明白「我聞」的「我」，是在講阿難聞法那時的我相，是有阿難聽聞佛法的現象，但是阿難本身是眾因緣和合的我相，是性空的我相，簡單說就是無我的，卻不妨礙於現象上的我相，只是這個我相是不斷在變化的我相。不只阿難無我，所有的人也都是無我的，聽經聞法要能夠印證「性空」的一實相印，才是真正與佛心心相應的法印。

一時薄伽梵遊化諸國，至廣嚴城，住樂音樹下。

一時，是指說法的時間。阿難是在何時聽佛陀說法呢？由於印度人不注重時間的紀錄，而且佛陀說法不一定都在人間，也可能在忉利天說法，所以無法明確指出講經的時間是某年某月某日。因此，佛經開篇的說法時間，都泛稱過去曾經有過的「一時」。

薄伽梵是對佛的尊稱，為梵語 bhagavat 的音譯，意譯為世尊。《大智度論》記載薄伽梵有四種意義：有德、巧分別諸法、有名聲、能破。

1. 有德

佛陀是有德者，是為世間人所尊重者。

2. 巧分別諸法

佛陀通達宇宙人生真理，能善巧分別解說諸法相。

3.有名聲

無有人得名聲如佛者。

4.能破

佛陀能破所有的淫、怒、癡等種種無明煩惱。

大自在、大解脫，並非佛陀一人的專利，所有的眾生都可以循著佛陀走過的路，去實踐菩薩行，每一個人將來都能夠成為薄伽梵。

佛陀遊化古印度諸國，都是遊走在恆河兩岸。廣嚴城即是毘舍離城，佛陀經常遊化於此，這裡的眾生非常有善根。此處不只是《藥師經》的說法地點，《維摩詰經》也是在此開演，維摩詰居士便是毘舍離城的長者。

佛陀來到廣嚴城中，停留在樂音樹下。樹林中，風吹拂樹葉發出的沙沙聲響，宛如大自然在演奏一般，所以稱為樂音樹。當我們在樹林中靜下心來禪坐，也可聽到類似樂音樹的樹海聲音。

與大苾芻眾八千人俱；菩薩摩訶薩三萬六千，及國王、大臣、婆羅門、居士，天、龍、藥叉，人、非人等，無量大眾，恭敬圍繞，而為說法。

當時聽法的大眾，包括八千位大比丘、三萬六千位大菩薩，以及國王、大臣、婆羅門、居士，還有天龍八部、人、非人等，無數的聽法眾恭敬圍繞於佛陀旁，等待著佛陀為他們演說佛法。《藥師經》為大乘經典，所以大菩薩的數量會比大比丘多，也就是菩薩眾多於聲聞眾。

佛陀講經所必須具備的六種因緣：信、聞、時、主、處、眾，在此便已齊備，法由佛所說，我們要信受不疑，阿難尊者自言親從佛聞，說法時機和地點為佛陀在廣嚴城時，對著大眾所說。

我們一般聽課，只看得到有形的人，其實說法時，往往還會有無形的天人和天龍八部來護法，只是我們無法看得見。我們聽經聞法的心要端正，這也是一種護法的力量，能感召善的因緣共同守護聞法的珍貴法緣。

二、曼殊室利請法

爾時，曼殊室利法王子，承佛威神，從座而起，偏袒一肩，右膝著地，向薄伽梵，曲躬合掌。

曼殊室利法王子，也就是文殊師利菩薩，簡稱曼殊菩薩或文殊菩薩，為什麼稱他為法王子呢？因為佛陀是法王，而大菩薩就是法王子，大菩薩即將成佛，就如同王子要繼承王位，所以稱為法王子。

當大眾圍繞佛陀聽法的時候，曼殊室利菩薩承著佛陀的威神之力，從他的座位當中站起來。為什麼他要站起來呢？因為他要替大眾請法。請法有請法的禮節，偏袒一肩，表示荷擔如來家業；右膝著地，表示下化眾生；曲躬合掌，表示內心的謙恭；合掌當胸，表示向於中道；合掌的十指，則象徵以十波羅蜜來向佛陀請法。

（一）正法、像法、末法三時

白言：「世尊！惟願演說如是相類諸佛名號，及本大願殊勝功德，令諸聞者業障銷除，為欲利樂像法轉時諸有情故。」

由於佛陀曾介紹過西方極樂世界的阿彌陀佛，曼殊室利菩薩於是請佛陀介紹其他相似的淨土法門諸佛名號和大願功德，教導眾生如何修持淨土法門。希望讓所有聽聞佛陀說法的人們，都可因此消除業障，能利益在佛法衰微的像法時期眾生。

所有人在成佛之前，都必須行菩薩道，而行菩薩道前，都必須要發願。除了要發通願〈四弘誓願〉，也就是發菩提心，還要發個別的根本大願，也就是別願，是自己個別成就的願力，不同於其他諸佛菩薩們的大願。當發起大願時，就能感召同願同行者來追隨，共同來努力完成這些大願的殊勝功德。希望能讓聽聞者因為啟發善念，得到福報，從而消除業障。

我們的業障從哪裡來？心起惡念和煩惱，就是業障的來源，為了避免業障，要多起善念。如何多起善念？念佛菩薩的名號，是一個最直接又簡單的方法。當我們心起善念，才有能力持念佛菩薩的名號，當人在生氣煩惱的時候，通常不容易想到念佛，除非平常已經養成了念佛的習慣，才能幫助自己調整內心，在惡念起來的時候，仍然能轉為念佛的善念，這是需要下過工夫的，所以平常自己就得好好下工夫，以備不時之需。我們內心的煩惱多如雜草，而念佛就像種花，如果我們能多種一些花，占了雜草的空間，雜草自然就會少一點。因此，要養成念佛的習慣，讓自己念念都在修功德、修善念，不要任著惡業的雜草叢生。

曼殊室利菩薩不是為自己請法，他其實是為未來的廣大眾生請法，由此可知菩薩的眼光和凡夫的不同，我們往往目光短淺，常常只想著眼前的一時之利，而且一心只想著自己的事，不太會為別人的事去著想。為什麼我們的眼光會如此狹小呢？因為我們對自己的執著心太強，而菩薩透過累生累劫不斷地修行，一直不斷地擴大心量，並將眼光放遠。

曼殊室利菩薩擔憂一、兩千年後的眾生，將沒有機會聽聞正法，所以趁機為未來的眾生請法，《藥師經》的啟教因緣，便是因此而來的。我們能有福聽聞《藥師經》，都要感謝曼殊室利菩薩為我們末法時期的眾生來請法。

佛法住世可分為三大時期：

1.正法時期

佛陀住世和涅槃後的五百或一千年，因距佛陀時代不遠，眾生善根深厚，所以聽聞佛陀正法後，容易證果。

2.像法時期

像法是指相似的佛法，將正確的、相似的、錯誤的觀念，混淆在一起的佛法。像法時期約長達五百年或一千年，距離佛陀時代逐漸遙遠，佛法的正確度降低，無法修行正確的佛法，所以修行的人雖多，但能證果的人少。

3.末法時期

末法時期長達一萬年，佛陀的正法難免變質，眾生善根淺薄，煩惱沉重，雖然仍有人修行，但是很難證果。

佛陀入滅已經兩千五百年了，我們已進入了末法時期，但還是屬於末法時期的前段部分。我們雖處在末法時期，也並不表示聽聞不到正法，如果我們的善根因緣足夠，一樣還可以聽聞正法，只是護持正法需要耗費更大的力氣。由於不容易聽聞正法，所以末法時期，更需要靠大家來努力護法。如果大家能用心護法，佛法便得以延長，反之，如果眾生不需要佛法，末法時期可能連一萬年的長度都沒有。

正法時期，以聲聞佛法為主，大乘佛法是在佛入滅五百年後才興起，所以在五百年後，屬於大乘佛法的淨土法門，才有興盛的機會。我們是位於像法時期，過渡到末法時期的前五百年。

我們雖沒有生值佛世的福報，但是曼殊室利菩薩已遙在兩千多年前，便為我們請了法。我們應珍惜此難得的法緣，守護正法以續佛慧命。我們接著就來看，曼殊室利菩薩為我們請了什麼法呢？

爾時，世尊讚曼殊室利童子言：「善哉！善哉！曼殊室利！汝以大悲，勸請我說諸佛名號，本願功德，為拔業障所纏有情，利益安樂像法轉時諸有情故。汝今諦聽，極善思惟，當為汝說。」

佛陀非常讚歎曼殊室利菩薩能以大悲心請法，介紹諸佛名號和本願功德，以此幫助救拔業障所纏的有情眾生，讓像法及末法時期眾生能有機會聽聞佛法。佛陀非常高興曼殊室利菩薩請法，所以要他不但要好好地諦聽，還要好好地思惟，佛陀會為他講解佛法。

佛陀為何在此要將「曼殊室利法王子」改稱為「曼殊室利童子」？童子的涵義有兩種，一種是從世俗角度來說，菩薩沒有一定的形相，但能順應眾生需求而現童子身。如〈普門品〉的觀世音菩薩，眾生需要用什麼身來得度，就現什麼身。第三大阿僧祇劫的菩薩摩訶薩，可以神通變化，分身無數億，應眾生的要求自在變化。曼殊室利菩薩的傳說故事中，便經常現童子身。

另一種意思是從勝義角度來說，童子地是第九地大菩薩。童子具有清淨無染的特質，非常天真無邪，所以用童子形容曼殊室利菩薩，代表菩薩的天真純潔、熱情和樂的美德。我們修行也應學習童子一樣純真、清淨無染，沒有任何的虛偽，修行應該愈修愈真誠，從雜染而轉為清淨，這就是我們修行的功課。

本段經文說「為拔業障所纏有情」，我們常常會覺得業障現前時，就如同被業障所纏住，糾纏不清。曾經有一位女居士神情慌張地來找我，說她平日非常節儉，幫人照顧孩子當保母，為了想多貼補家用而希望再多帶一個孩子。沒想到就這樣被詐欺廣告給騙了，她平日非常精明能幹，但是應徵電話一打過去就被騙得團團轉。對方說雇用的保母有津貼，可是要先告知銀行帳號才能匯款，她不知為何竟然就相信了陌生人的話，立刻把帳號告訴對方。結果才短短幾秒鐘，她的戶頭全部沒錢了，讓她不知道該如何向先生解釋這麼荒謬的事，深深覺得是業障現前，說來說去都怪自己貪心。

我告訴她說，當我們業障現前的時候，平常的精明能幹，好像都失去了作用。為了安慰她，便說出了多年前發生在我身上的事。一個不認識的計程車司機突然找我訴苦，說他生活過得非常痛苦，因為缺錢快要活不下去了。我雖然覺得有點奇怪，一般都是來寺院請教佛法，怎麼會是來訴苦缺錢，但可能是業障現前，我竟然就決定借錢幫忙，還好在領錢的路上突然清醒過來，才沒有上當。

以出家人來說，實在不宜和居士有金錢借貸的關係，如果開了這個方便法，萬一以後有一堆人跑來跟我借錢，那可就麻煩了。出家人能供養給眾生的是佛法，不能因起一時的悲憫心，而帶來意想不到的後患。那不是真正的悲憫心，而是為業障所纏。

遇到業障現前時，真的不可思議，整個人像丟了魂地隨業力牽引，理智在一時之間失去了作用。因此，念佛真的重要，能幫助我們從念佛中提起正念。但是平常如果沒有念佛的習慣性，業障所纏的時候，可能就忘了念佛，所以提起正念要靠平常養成念佛的習慣。

在念佛時，我們的心比較能保持清醒，即使產生了貪念，因著念佛也會感到慚愧，從而思考自己的行為是否合宜。如此一想，一句「阿彌陀佛」就能讓我們轉念了。甚至在生氣想罵人的時候，不妨改口說：「這個人實在有夠阿彌陀佛！」用阿彌陀佛的佛號幫助自己轉念，就能把煩惱心轉為善念。

曼殊室利菩薩預見像法時代的眾生，會為業障纏縛，很難憑一己之力修學智慧法門，為了拔除我們的業障，而向佛陀請法。因此，我們能學習藥師法門，找到拔除業障的妙法，都是蒙受曼殊室利菩薩的福蔭。

佛陀要曼殊室利菩薩仔細諦聽和思惟佛陀所說的法，「聞、思、修」是學佛的重要修行次第。聞慧、思慧、修慧合稱三慧，聞慧是透過親近善士，聽聞佛法所產生的智慧；思慧是透過如理思惟所產生的智慧；修慧則是透過法隨法行，實踐佛法和禪修所產生的智慧，將來也才能夠因緣和合，達於聖者的現證慧。因此，要用心諦聽和如理思惟當作起步，才能將佛法納入我們生命的體系，進而用佛法來實踐我們修行的生命過程。

曼殊室利言：「唯然！願說，我等樂聞。」

曼殊室利菩薩說：「是的，請佛陀說法，我們都非常樂於聽聞佛陀說法！」

（二）如來十號

佛告曼殊室利：「東方去此過十殑伽沙等佛土，有世界名淨琉璃，佛號藥師琉璃光如來、應、正等覺、明行圓滿、善逝、世間解、無上士、調御丈夫、天人師、佛、薄伽梵。

佛陀向曼殊室利菩薩開始介紹東方淨土，由我們的世界往東方日出的方向前去，經過十個恆河沙數那麼多的佛土後，有個名為「淨琉璃」的佛國世界，那裡的佛陀名為「藥師琉璃光如來」。所謂的殑伽沙，就是恆河沙的異譯，在此是比喻佛國世界多如恆河沙數。

「如來、應、正等覺、明行圓滿、善逝、世間解、無上士、調御丈夫、天人師、佛、薄伽梵」是如來十號，雖然名為十號，但是總共列舉出十一個稱號。

1. 如來

如來是契應平等不二的真如而來，體證究竟的真理現象，名為真如而來，依此真如成就無上正遍等正覺。

2. 應

應是應供，為梵語 arhat「阿羅漢」的音譯，意為應受人天的供養，佛陀是大阿羅漢，成就的功德最為圓滿，已斷盡煩惱，不再受生死，應受人天供養，為人天做大福田。

3. 正等覺

正等覺即是正遍知，梵語 samyak-sambuddha 音譯為「三藐三佛陀」，意為真正普遍平等的覺悟，此為佛的覺悟，能通達一切法相，遠離一切顛倒，普遍覺了一切法性、法相。

4. 明行圓滿

明行圓滿即是明行足，「明」意為智慧，「行」意為修行，也就是佛陀的福德智慧和自利利他的修行功德，一切圓滿具足。

5. 善逝

自了漢捨下眾生而入涅槃，是逝而不善；佛陀因大智不離生死而證菩提，因大慈不捨眾生而般涅槃，故名善逝。

6. 世間解

佛陀解了世間事理，清楚眾生的苦本和苦因，能指引滅苦的方法和離苦得究竟處。通達法性，所以能徹底理解世間，包容世間的一切。

7. 無上士

如來的智慧和尊貴，天上人間無能超越，所以名為無上士。

8. 調御丈夫

佛陀教化眾生，都能善巧調御，運用各種善巧方便，軟硬兼施，慢慢馴服，引導求道者修行正道的大修行者。

9. 天人師

佛陀於世間教化人間與天界眾生，是天人導師。

10. 佛

佛陀的簡稱，梵語為 buddha，意為覺者，能自覺、覺他至覺行圓滿的覺悟者。

11. 薄伽梵

薄伽梵是世尊，是梵語 bhagavat 的音譯，為世所尊重者。

生命的正、依二種果報，正報是身心，依報是所處的環境，藥師佛透過十二大願，將淨琉璃世界建設完成。從如來十號，可知藥師佛的正報莊嚴；而由十二大願，則可看出藥師佛東方淨琉璃世界的依報莊嚴。

三、十二大願的成佛地圖

藥師佛的十二個大願，不只是藥師佛的成佛地圖，也是我們可以依願而行的成佛之道。

太虛大師的《藥師琉璃光如來本願功德經講記》，將十二大願依序標題為：1. 正報莊嚴、2. 身光破暗、3. 智慧資生、4. 導入大乘、5. 得戒清淨、6. 得身健美、7. 安康樂道、8. 轉女成男、9. 魔外歸正、10. 解脫憂苦、11. 得妙飲食、12. 得妙衣服。

印順導師的《藥師經講記》，十二大願則名為：1. 生佛平等願、2. 開曉事業願、3. 無盡資生願、4. 安立大道願、5. 戒行清淨願、6. 諸根具足願、7. 身心康樂願、8. 轉女成男願、9. 回邪歸正願、10. 從縛得脫願、11. 得妙飲食願、12. 得妙衣具願。

惠敏法師於〈鈔經本《藥師琉璃光如來本願功德經》解說〉一文，將十二大願列為：1. 眾生與佛平等，身相莊嚴；2. 身琉璃光，開曉幽冥；3. 智慧方便，令眾無缺；4. 令邪歸正，導小向大；5. 具足戒行，毀犯清淨；6. 令諸殘疾，根具無苦；7.

令諸病苦，身心安樂；8.轉女成男，證得菩提；9.引攝魔外，正見修行；10.令諸刑難，解脫憂苦；11.令諸飢渴，得妙飲食；12.令諸貧乏，得妙衣具。

曼殊室利！彼世尊藥師琉璃光如來，本行菩薩道時，發十二大願，令諸有情，所求皆得。

每一部佛經都會有請法者，也就是當機者。由於佛陀的回答，會以請法者為當機眾，所以在《藥師經》的一段段經文中，會不斷地出現「曼殊室利」，就像《金剛經》會不斷地出現請法的「須菩提」。

佛陀告訴曼殊室利菩薩，關於藥師佛如何透過行菩薩道，發十二大願成就眾生，而圓滿成佛。換句話說，藥師佛也曾經歷凡夫菩薩道的階段，進而進入聖賢菩薩道，乃至於到達菩薩摩訶薩之後，才漸漸完成佛道。

藥師佛在行菩薩道時，發了十二個本願，希望所有的眾生都能心想事成，所求皆得。當然，這種所求皆得，必須要合理如法的，並非所有的妄想所求都能滿願。

藥師佛的發願成佛歷程

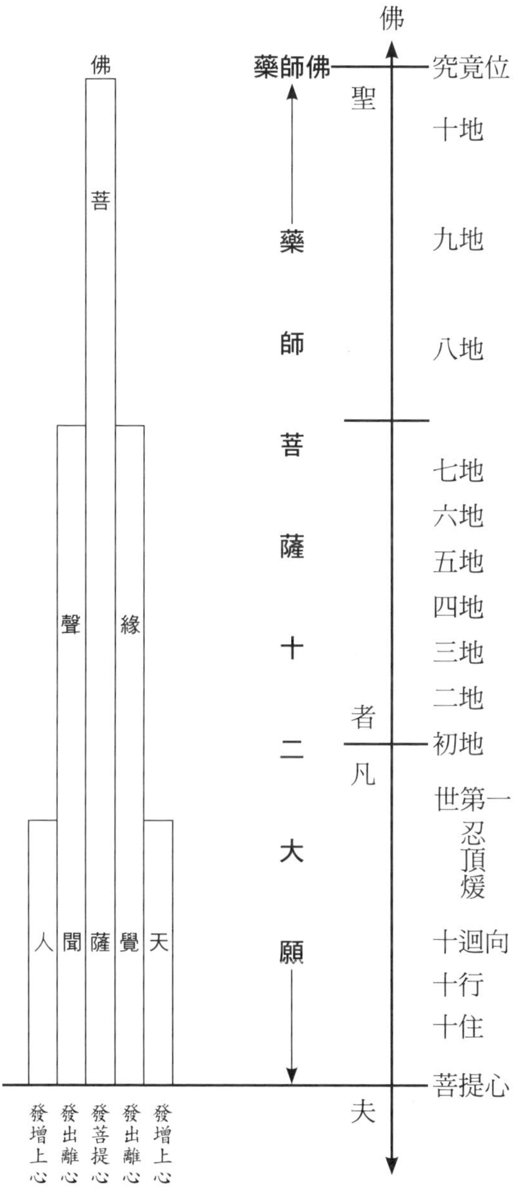
佛
菩
聲
緣
人
聞
薩
覺
天
發增上心
發出離心
發菩提心
發出離心
發增上心
藥師佛
藥師菩薩十二大願
佛
聖
者
凡
夫
究竟位
十地
九地
八地
七地
六地
五地
四地
三地
二地
初地
世第一
忍
頂
煖
十迴向
十行
十住
菩提心

我們學佛的最大心願就是成佛，其實每個人都有佛性，所以只要我們願意努力耕耘行菩薩道，一定能夠滿願。

藥師佛圓滿我們心願的方法，並非所有的無理要求都接受，前提是必須如法。就好像我們教育孩子也是如此，不是他要什麼就給什麼，而是應該教導他如何靠自己努力去獲得。因此，並非藥師佛發願讓人所求皆得，我們就樣樣都去拜託藥師佛了。最重要的是，自己的心要能和藥師佛相應，不只希望得到佛的扶持，自己也需要努力成長為能自利利人的菩薩。

（一）生佛平等願

第一大願：願我來世得阿耨多羅三藐三菩提時，自身光明，熾然照曜無量無數無邊世界，以三十二大丈夫相，八十隨形好，莊嚴其身；令一切有情，如我無異。

藥師佛行菩薩道時所發的第一大願是生佛平等願。希望當藥師菩薩圓滿成佛時，自身能大放光明，如同火焰般熾然照耀無量無數無邊的世界，讓所有的眾生都能如他一樣擁有三十二種大丈夫相、八十種隨形好的莊嚴相貌。

「得阿耨多羅三藐三菩提」是成佛的意思，《藥師經》是從法相的現象角度來講經，如果換為《金剛經》一類的般若經典，則會改為是：「得阿耨多羅三藐三菩提，即非得阿耨多羅三藐三菩提，是名得阿耨多羅三藐三菩提。」如此否定式的說法，是為了破除我們的執著，但因《藥師經》的說法重點不在於談論法性，而是介紹法相，所以採用肯定句。其實即使成佛了，佛也仍是性空的。

每一尊佛的成佛歷程都不一樣，阿彌陀佛所發的是四十八大願，藥師佛則是發十二大願，其他的諸佛菩薩也都因發不同的願，而成就佛果，所以「阿耨多羅三貌三菩提」並非固定不動的，仍是性空的。

舉例來說，就好像得到了博士學位，那也只是一個名相。每位博士的求學過程都不一樣，有的人用三年取得，有的人則要十幾年；有的人直接從大學一路攻讀博士，有的人則經歷娶妻生子再完成學位……。一般人一聽到「博士」，會認為這是固定不動的學位，其實這只是一種資格的認證而已。每位博士取得學位的情況都不一樣，歷程不同、方法不同，感受也不同，所以是性空的，只是名為博士。因此，我們也可以這樣說：「所謂博士，即非博士，是名博士。」

明白博士是性空的，只是一個名稱，我們才不會對此起太大的執著，認為好不容易終於取得學位，從此就不必再奮鬥學業，可以高枕無憂了。其實如果不繼續努力的話，研究能力是會日漸退失的，不會永遠不變地處於巔峰狀態。

三十二種大丈夫相是佛陀的三十二種莊嚴相好的特徵，代表佛陀由內在佛德至外在身像，都是圓滿無缺。佛陀的三十二相明顯易見，稱為「大相」，另有八十隨形好，則微細難見，稱為「小相」，大相與小相合稱為「相好」。雖然轉輪聖王也具足三十二相，但是八十隨形好，則只有佛陀才能圓滿具足。

成佛的莊嚴法相是自然化現的，三十二種大丈夫相和八十種隨形好，都是一種果報，不是刻意求得的。佛所現出的莊嚴法相，其實也是度化眾生的方便法門。

藥師佛的第一大願最可貴處在於「令一切有情，如我無異」，不是只希望自己成佛，而是希望所有的眾生都成佛，都擁有尊貴的佛身，與佛無異。讓人對修行能發大信心，從行菩薩道到成佛，眾生都是一樣平等的，都是可以成佛的，都可以像藥師佛一樣莊嚴光明。

第一大願「生佛平等願」，點出我們凡夫眾生，只要累積宿世善根因緣與智慧資糧，今生與藥師佛相應有緣，願修藥師法門者，藥師佛的第一大願就指出人人皆能繼續透過累生累劫的發願與實踐，都可以如藥師佛無異，圓滿佛道。

（二）開曉事業願

第二大願：願我來世得菩提時，身如琉璃，內外明徹，淨無瑕穢，光明廣大，功德巍巍，身善安住，焰網莊嚴，過於日月；幽冥眾生，悉蒙開曉，隨意所趣，作諸事業。

藥師佛行菩薩道時所發的第二大願是開曉事業願。希望當藥師菩薩圓滿成佛時，身體如同琉璃，內外通透明亮，清淨無任何瑕疵汙穢。光明熾盛廣大，功德偉岸高大，身善安住，能盡十方、遍法界。焰網光明超過日月，能讓幽冥眾生因這光明而啟發智慧，不再蒙昧昏暗，能夠隨自己的意願去做想做的一切事業。

得菩提就是得阿耨多羅三藐三菩提，也就是成佛。佛身的光明熾盛，光光相照，形成一種莊嚴的焰網。藥師佛身旁的兩位脇侍菩薩是日光遍照和月光遍照菩薩，藥師佛位為主尊，自然明耀顯赫過日月。為何藥師佛非常強調光明顯耀呢？因為這樣才能普照三界，遍及幽冥世界，讓幽冥眾生可以開啟心智，心開意解。

菩薩所發的願，不會是為自己求福報，或是希望得到他人的崇敬。藥師菩薩之所以祈願能擁有無量光明佛身，是為了照亮幽冥眾生，他想到有很多生活在黑暗中的眾生，無法見到光明，希望可以為他們帶來希望，不再愚癡，需要放下執著，放大心量。不為自己追逐名利，能放遠眼光，讓生命視野豁然開朗，願意行菩薩道，利益所有眾生，如此一來，因著廣結善緣，事業自然通達，能夠隨自己的志趣意願來成就事業。

每個人都有自己的事業，如果能運用專長，隨緣盡分地利益眾生，就能得到很大的福報，讓事業蒸蒸日上。例如從事交通運輸的人，如果不只想著事業如何營利，而能為他人多開一些方便門，像是協助行動不便的人，或是幫忙弱勢團體運輸，由於所發的願廣大，在行業上所得的福報也會隨之廣大，事業將會愈做愈大。

我看到很多修持藥師法門的人，事業特別順利，生活也比較富裕。不只是因為和藥師佛的大願相應，在事業上順風順水得到現法樂，也是因為他們能廣結善緣利益大眾，自有福報因緣。因為事業能否賺錢，靠的是福報，而非自己想賺錢就能賺到錢的，所以廣種福田多培福，能讓自己的人生更順利。

如果我們只為自己前程設想，力量是很微薄的，生命的力量其實和心量有直接的關係。當我們願意擴大自己的心量，站在眾生的利益上來考量，生命的道路便能無限地寬廣起來。

（三）無盡資生願

第三大願：願我來世得菩提時，以無量無邊智慧方便，令諸有情，皆得無盡所受用物，莫令眾生有所乏少。

藥師佛行菩薩道時所發的第三大願是無盡資生願。希望當藥師菩薩圓滿成佛時，用無量無邊的智慧方便利益眾生，創造無量無邊的財富物資，生活永不匱乏。

《瑜伽師地論》提及，菩薩學法，當於五明處求，也就是可以透過五明來行菩薩道。所謂的五明，即是內明、醫方明、工巧明、聲明、因明。內明是以佛法度化眾生，醫方明是以醫術醫理協助眾生治病，工巧明是透過手藝專長利益眾生，聲明是以語言文字和音聲佛事利益眾生，因明是以邏輯學協助眾生思考真理。

為什麼藥師菩薩要發願讓眾生的物質生活不虞匱乏呢？因為學佛需要有福報的基礎，如果連基本生活都照顧不了，便沒有餘力學佛。修行要福慧雙修、悲智雙運，如果沒有福報的基礎，智慧將無從生起。修福報可以讓我們的生活必需品不虞匱乏，當生活沒有後顧之憂，才能夠專心地好好學佛。因此，滿足生活所需，可以說是藥師佛對眾生的眷顧。

印順導師的《成佛之道》，以五乘共法、三乘共法及大乘不共法，三者為修行者踏上成佛之道架構的三大階段。五乘共法指人、天、聲聞、緣覺與菩薩乘者，當機者為人天乘者，也就是仍然以人天乘的世間法為主，但是聲聞、緣覺與菩薩乘者一樣要具有這個基礎。三乘共法則是以聲聞乘為當機者的出世間解脫道，超越了人天乘者，但菩薩乘也要具有此基礎。大乘不共法則是以菩薩道為當機者，超越了

印順導師《成佛之道》的修行地圖

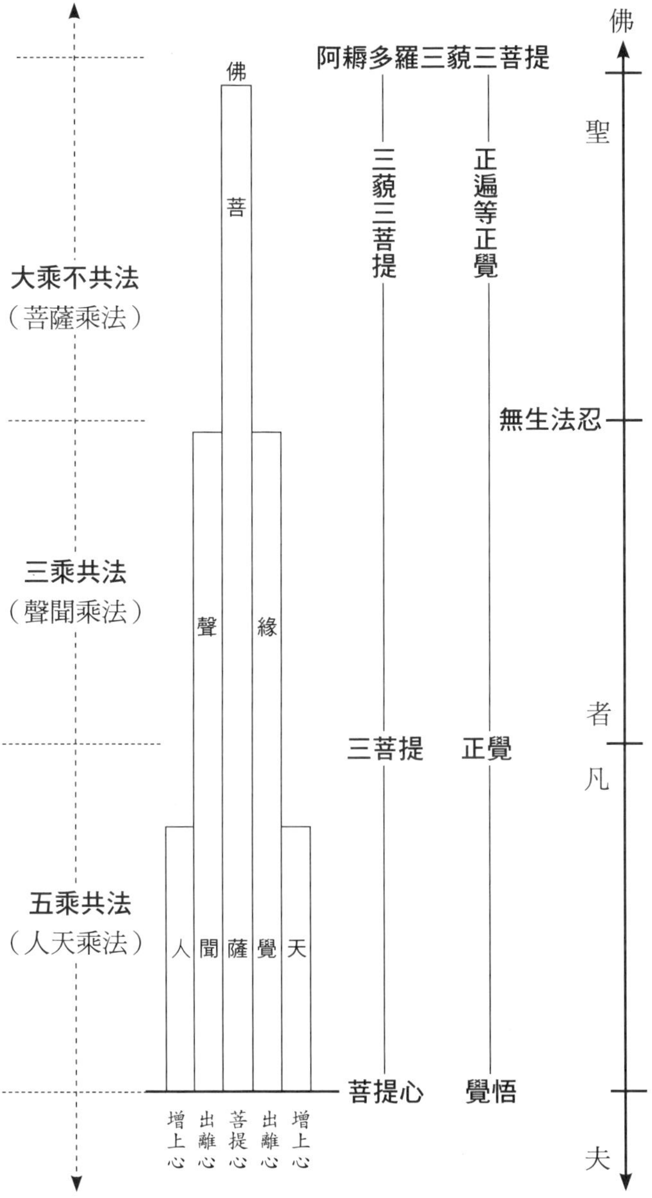

人、天、聲聞、緣覺乘，所以說菩薩乘法或一乘法。

第二大願開曉事業願與第三大願無盡資生願，是針對五乘共法的當機者人天乘者而言。這是五乘共法的基礎，也是人天乘的世間法，也就是我們在學佛乃至到成佛的三大阿僧祇劫中，第一階段針對人與天道凡夫眾生的世間法，讓我們生活在世間法中，只要是修藥師法門者，與藥師佛心心相印者，都能受到藥師佛本願的福蔭，努力開發世間的各種事業，獲得無盡資生而資產富貴。

（四）安立大道願

第四大願：願我來世得菩提時，若諸有情行邪道者，悉令安住菩提道中；若行聲聞獨覺乘者，皆以大乘而安立之。

藥師佛行菩薩道時所發的第四大願是安立大道願。希望當藥師菩薩圓滿成佛時，如有眾生行邪道者，都能令他們安住菩提道中；如果有聲聞乘、緣覺（獨覺）乘者，雖然修行的是自我解脫生死的小乘者，也希望他們都能迴小向大，都能以大乘佛法來安立他們的道心、道業。藥師佛雖已成佛，但見尚未步上菩提大道的眾生，也就是不清楚宇宙人生真理法則的人，還在六道中流浪生死，心生不忍，希望能協助他們踏上成佛之道，發菩提心，安住在菩提大道中。

「人天乘法」雖亦是善法，卻輪迴於世間生死苦海中，無法解脫生死；「聲聞乘法」雖可以讓自己解脫生死，卻因為悲心不足，不願幫助眾生脫離苦海；只有「大乘不共法」讓菩薩具有解脫生死的智慧，因悲憫眾生還在生死苦海中，而發願幫助眾生解脫生死，故無畏生死，不斷地乘願再來人間行菩薩道，悲智雙運，才算踏上成佛的菩提大道，能達於成佛的福慧圓滿。若是仍然執著於世間欲樂的人天乘者，或只是急於解脫生死的聲聞乘者，都不算安立於成佛的菩提大道者，唯有菩薩道能世出世入無礙，中道不二者，才是安立於成佛的菩提大道者。

第四大願安立大道願，宛如《妙法蓮華經》的會三歸一，會「三乘共法」歸「大乘不共法」的「一乘道」。藥師佛希望人天乘者能發慈悲喜捨四無量心，直入菩薩道，希望聲聞、緣覺乘行者，可以迴小向大，踏上大乘菩薩行者的菩提大道，因為大乘菩薩道是最安穩而長久的修行道路，能達於至高圓滿成佛的境界。

（五）戒行清淨願

第五大願：願我來世得菩提時，若有無量無邊有情，於我法中修行梵行，一切皆令得不缺戒，具三聚戒。設有毀犯，聞我名已，還得清淨，不墮惡趣。

藥師佛行菩薩道時所發的第五大願是戒行清淨願。希望當藥師菩薩圓滿成佛時，如有無量無邊的眾生，照著藥師佛的方式修行清淨的梵行，一切都得以不缺戒，並且三聚戒具足。假使有所毀犯戒律，只要聽聞到藥師佛的名號，就能恢復清淨，而不墮惡道。

在修行過程中，能否順利地從凡夫一路直到修證成佛，持戒是一個非常重要的關鍵，如果不持戒而墮入三惡道，就沒有學佛的機會了。因此，藥師菩薩發願要協助讓修藥師法門的眾生，都能夠得不缺戒，具足三聚戒。何謂三聚戒呢？

1. 攝律儀戒

佛陀所制定的各種戒律，稱為律儀戒。制定這些戒律的目的是要防止我們做各種壞事，即是防非止惡的戒法。五戒、十戒、比丘戒、比丘尼戒、菩薩戒等戒，都稱為律儀戒。

2. **攝善法戒**

所有與善法相應的法門，如三學、八正道、三十七道品、四攝、六度萬行等，這都是菩薩道必須實踐的善法。

3. **攝眾生戒**

是以佛法饒益一切有情。所有的大乘菩薩都必須以利益眾生為前提，如果為了自己而不願去做利益眾生的事，就算是犯了菩薩戒。

因此，行菩薩道是很不簡單的，不僅自己要受持戒律，還要具足這三聚戒。

為什麼持誦藥師佛的名號，就能夠得到清淨呢？因為犯戒的心是雜染執著的，也因為自私自利才會犯戒，而當能想到藥師佛時，便會提醒我們應該要捨離雜染還為清淨，這既是藥師佛加被的力量，也是一種自覺的能力，讓我們不至於墮入惡道。當然，最重要的還是不能總是一犯再犯，要持戒守護好自己的身心。

有人發願往生淨土的原因，是擔心自己在人間做了許多壞事，死後可能會墮落惡道。墮到惡道的原因，通常是因為智慧力不夠，如果能用心持戒，相信不至於犯下大錯。如能發心受菩薩戒，菩薩戒的戒體不僅盡形壽，甚至更能盡未來際，至少可保不失人身，而回到佛道。能行菩薩道者，必定具備了善根和慧根，不容易墮入惡道。在我們居住的娑婆世界穢土中，其實行菩薩道的機會最多，如果發願在穢土中行菩薩道，修學藥師法門是一個好方法，因為戒行清淨願，會守護我們的願心，獲得戒行的清淨。

所以第五大願戒行清淨願，讓我們能穩健地修持菩薩行，不至於偏離方向。想要穩定持續行走在成佛的菩提大道上，最基本的條件就是戒行的清淨，尤其是菩薩戒行的具足三聚戒。

（六）諸根具足願

第六大願：願我來世得菩提時，若諸有情，其身下劣，諸根不具，醜陋、頑愚、盲、聾、瘖、瘂、攣、躄、背僂、白癩、癲狂、種種病苦；聞我名已，一切皆得端正黠慧，諸根完具，無諸疾苦。

藥師佛行菩薩道時所發的第六大願是諸根具足願。希望當藥師菩薩圓滿成佛時，眾生如有身體低下羸劣，矮小病弱，器官殘缺，又醜陋（根身相貌不佳）、頑固愚癡（意根不懂事理）、盲（眼根不見）、聾（耳根失聰）、瘖（聲音嘶啞）、啞（口不能言）、攣（瘸手）、躄（跛子）、背僂（駝背）、白癩（大痲瘋）、癲狂（神經反常）等種種病苦。只要聽聞到藥師佛的名號，就能得到端正的形貌和聰敏的智慧，所有的器官都能完好無缺，沒有任何病苦。

為什麼修持藥師法門可以改善殘缺的身體？主要是能端正智慧，讓人可以眼盲而心不盲，耳聾而心不聾。身體屬於業報的問題，想在這一生改變殘缺的身體很困難，但是改變思想的空間則是很大的。身體上的障礙，其實阻礙不了我們的心，比如雖然因跛腳而行動不便，但是心可以不跛，用強大的心力超越身體的束縛，勇敢邁向自己的人生理想。比如口足畫家雖然沒有手，卻照樣能以腳代手來繪圖創作。因此，心可以超越身體局限。

反觀有的人雖然外表看起來很正常，但是心態扭曲，或是沒有義氣，一味卑躬屈膝，無法挺起脊梁，這不也如同駝子一般？或者白癩是易傳染的毛病，如同散播非正見的思想，一經蔓延，害了許多人邪知邪見，請問這樣的人算是「諸根完具」嗎？大部分的人雖然都諸根完具，卻不見得是一個真正諸根完具者，可能眼雖不盲而心盲，耳雖不聾而心聾，這都大有人在。

「無諸疾苦」主要是指精神上是健康快樂的，雖然身有殘障，只要心中沒有任何疾苦，諸根還是可以完具的，關鍵就在於自己有沒有足夠的智慧和勇氣，願不願意努力？所謂「天助自助者」，至少要願意接受幫助，才能得到人助。如果能以智慧克服心理障礙，心靈就能超越身體的束縛，精神沒有疾病和痛苦。要有健全的心，才能稱為「諸根完具」，身體雖不完美，生活一樣能過得幸福美好。

第六大願諸根具足願，意指我們修學藥師法門，只要能安住於成佛的菩提大道上，受到大乘菩薩道佛法的熏修，心必然是健康勇敢的，並能超越外相的束縛。意根即是我們的心，只要心靈健康，無論其餘五根是否具足，必然也算是諸根具足的。

（七）身心康樂願

第七大願：願我來世得菩提時，若諸有情，眾病逼切，無救無歸，無醫無藥，無親無家，貧窮多苦，我之名號，一經其耳，眾病悉除，身心安樂，家屬資具，悉皆豐足，乃至證得無上菩提。

藥師佛行菩薩道時所發的第七大願是身心康樂願。希望當藥師菩薩圓滿成佛時，眾生如果被眾病逼切，無人救治，而又無所依歸，無力延醫無錢購藥，沒有親戚朋友和家屬可以照顧，如此家貧如洗，又孤苦零丁，纏病多苦，可以說是嘗盡了人間的痛苦。但是只要聽聞到藥師佛的名號，經歷於眾生的耳根，就能眾病悉除，身心安樂，家庭親屬、資生用具，悉皆具備而豐富富足，一直達於驗證無上菩提佛道。

生病時無依無靠，窮愁潦倒，沒有歸處可居住，也沒有親友可援助時，只要藥師佛的名號，一經其耳，就能眾病悉除。這種力量，其實還是透過心靈上的思想調整，雖然無親無家，還是可以透過學佛皈依三寶，除了與許多莊嚴的佛寶結善緣，聽聞許多尊貴的法寶，更與僧寶許多出家法師結緣，自然又多了許許多多的師兄師姊，成為我們的法親眷屬、慈悲骨肉。即使生活貧窮困苦、無救無歸，只要我們肯發心，還是會有願意收容自己的地方，有能夠照顧我們的居士大德。我們的內心將能夠健康起來，身體也將能夠跟著走上健康之道，並且擁有許許多多的法親眷屬，資具具足。

今生與我們結下甚深因緣的血親眷屬，不一定能陪我們走完這一生，而學佛後無數的法親眷屬，甚至許多同參道友相處融洽，比和自己的兄弟姊妹更加親近。當我們起了善心善念，自動自發幫助他人，廣結善緣，將有很多人也會自然而然幫助我們、守護我們，在菩提道上一路精進無礙。因緣法本來就是自動排列組合、互動出來的，相依相成，互相依存，當我們受持佛法，修藥師法門身心康樂願，身心必然康樂，以此安頓自己身心，將能得到穩定改善，事業也會好轉，並開啟更多的善緣，結出更多的福報。

第七大願身心康樂願，和第六大願的諸根具足，是相依相成的，因為諸根具足，必然能身心安樂。透過修學藥師法門累積學佛資糧，身體健康沒有病痛，不必擔心孤苦無依，乏人照料，身心自然能夠安定快樂，具備學習佛道的福報因緣。

（八）轉女成男願

第八大願：願我來世得菩提時，若有女人，為女百惡之所逼惱，極生厭離，願捨女身；聞我名已，一切皆得轉女成男，具丈夫相，乃至證得無上菩提。

藥師佛行菩薩道時所發的第八大願是轉女成男願。希望當藥師菩薩圓滿成佛時，如有女人被女身的百惡所逼惱，而極其痛苦，生起厭離女身的心，想要捨棄女身，只要聽聞到藥師佛的名號，一切都能轉女成男，具丈夫相，乃至於證得無上正等菩提而成佛。

一般來說，女人相對於男人所受的苦比較多，所以常說女人有百惡，可以分為生理及心理兩方面。生理的苦：不但每個月有月事，還要生兒育女，這些都會加重身體負擔。心理的苦：女人的心量可能比男人更狹小，容易產生嫉妒、虛榮等種種心，這些都會變成為女人的百惡，逼惱著身心而不得安寧。

聽聞到藥師佛的佛名，之所以能夠轉女成男，不是說身體的立即改變，而是心量的轉化。放寬了心量，就能放下種種執著，不再心胸狹窄，不再目光如豆，從而減少身體和心理的痛苦，啟發了善念、善根，業障便會自然減少，成為了女中丈夫。

無論身為男眾或女眾，都有業力和願力的問題。不見得女眾的色身就一定不好，如果是乘願而來所致，所受的苦也會減少。《維摩詰所說經‧觀眾生品》裡有一位和舍利弗論辯的天女，她其實是一個菩薩。舍利弗曾問天女說：「為什麼你不想轉女身？」天女回說：「拜託！我求了十二年才成女身，為什麼要轉呢？」由此可知，當女生沒有什麼不好，重點在於當什麼樣的女生。當心量大的具丈夫相的女生，沒有什麼不好，反而更加親切，廣結善緣的機會更多，也更知道人間疾苦。畢竟男眾要度化女眾，實在也有所不便，而且也體會不到女生所受的苦，究竟苦成什麼模樣。

因此，轉女成男的關鍵還是在於自己的心量，而不在於外相的差別。其實佛教的修行法門，都有轉女成男的特質，因為都是在學諸佛菩薩的精神和心量。透過學習諸佛菩薩的慈悲和智慧，可以超越男女之相，因為比起超越女性或男性，其實更要去顯發的應該是佛性。

根據經典所說，有兩類方式可以轉女成男，一類是善根極深，厭離心極切，如果加以精進修行，現生也可以轉女成男，這是指在心裡上的，透過打開心胸度量來轉女成男。另一類是依著大乘佛法的開導，如法地修行，或稱念聖號，或禮拜供養，發願下輩子要來當男眾或女眾。透過這樣的發願，雖然此生是過去生的業報體，是一種果報，沒有辦法改變，但是下輩子轉化色身的機會將很大。因此，轉女成男主要是今生心量上的轉，否則就是要等待下輩子的色身轉化機會。

就修行來說，無論男女都可以證得四果阿羅漢，都可以發心成為大菩薩。《大般涅槃經》卷十八：「一切男女若具四法，則名丈夫。何等為四？一、近善知識，二、能聽法，三、思惟義，四、如說修行。善男子！若男若女具是四法，則名丈夫。善男子，若有男子無此四法，則不得名為丈夫也。」就修行標準，男女可以說是完全平等的，佛陀與大菩薩雖示現男子相，但是他們早就超越男女情欲，其實並無性別之分。

其實佛法修行的核心是中道不二，不落兩邊，聖者證得平等平等的諸法實相。我們因為是凡夫，才有男女相的分別，聖者驗證諸法實相，即是中道不二的平等相，逐漸脫離男女性之別；而無生法忍的大菩薩，則完全無男女的差別相，眾生需要大菩薩以何身得度，大菩薩即現何身度化，完全無男女差別相，法性是空性的，是平等性的，是通徹一切的，這就是佛法中平等的真精神，是與真理法則、真理現象完全相應的。藥師法門當然也不例外，我們縱然身為女性，發心行菩薩道即是女中丈夫，發願勇敢承擔利益眾生的責任，擷取男性、女性的優點，彌補缺點，皆可成就。

第八大願轉女成男願，意指修學藥師法門，只要能安住於成佛的菩提大道上，必定是充滿菩薩的大心大願，不管現男相或女相，皆能諸根具足，身心康樂，超越男女相，這也都是相依相成的。

（九）回邪歸正願

第九大願：願我來世得菩提時，令諸有情，出魔羂網，解脫一切外道纏縛；若墮種種惡見稠林，皆當引攝置於正見，漸令修習諸菩薩行，速證無上正等菩提。

藥師佛行菩薩道時所發的第九大願是回邪歸正願。希望當藥師菩薩圓滿成佛時，能幫助眾生出離魔羂網，解脫一切外道纏縛。如有眾生墮落入惡見稠林，他會引導他們入於正見，修學菩薩行，快速成就佛道。

網和羂是相似的，捕魚的網子是漁網，張網捕獸則稱為羂。雖然惡魔的網有大小之別，但其實都還是心裡的問題，不是只有外在捕魚的網或捉獸的網，如果想要跳出魔王的手掌心，必須要好好地用功修行。

我們學佛不僅有業障的纏縛，有時也會遇到外道的纏縛，當我們被外道纏住時，就會墮入惡見所形成的稠密樹林，難以找到出口。所謂的惡見，也就是非正見，拋棄了真理，比如我見、身見、斷見、戒禁取見等。如果沒有正確的修行觀念指引，將積重難返。因此，藥師菩薩希望所有的眾生都能不落入魔王的魔網，可以解脫外道的纏縛，他發願即使有眾生墮入惡見稠林中，也必然會想方設法重新引導回到正道。

第九大願回邪歸正願，意指用心修持藥師法門，依著佛道前行，即能有清楚的方向可循，將不再偏離正道而步向邪道。

（十）從縛得脫願

第十大願：願我來世得菩提時，若諸有情，王法所錄，繩縛鞭撻，繫閉牢獄，或當刑戮，及餘無量災難凌辱，悲愁煎迫，身心受苦；若聞我名，以我福德威神力故，皆得解脫一切憂苦。

藥師佛行菩薩道時所發的第十大願是從縛得脫願。希望當藥師菩薩圓滿成佛時，眾生如受國家法律制裁，被繩索綑縛、鞭子抽打，或被用刑、殺戮，以及被無量災難淩辱，面對悲傷愁苦煎熬，身心飽受痛苦時，只要聽聞到藥師佛的名號，就可因藥師佛的福德威神力，得以解脫一切憂苦。

刑罰可分為兩種，一種是有形的律法處罰，另一種是無形的內心煎熬。有形的刑罰，比如官司糾紛，經常因訴訟要跑法院的人，若能修持藥師法門的話，將能從束縛中得到解脫。至於無形的內心煎熬，像是擔憂違法而良心不安，藥師法門能幫助人解開心結，不再受苦。

想要解開律法刑罰的束縛，必須先修正自己的行為，了解宿世的習性是如何養成的。很多的爭訟都是來自自我執著，有時候只要退一步路，其實就能海闊天空。修持藥師法門，除了比較容易縮短刑期，早日脫離困境，也能從有形、無形的身心束縛中，解縛而得自在。

第十大願從縛得脫願，意指只要實踐藥師法門，安心修行佛道，自然能得種種善因緣的守護，不會因惡因緣而障礙修行，能夠逢凶化吉，身心自在，解除各種有形和無形的枷鎖束縛。

（十一）得妙飲食願

第十一大願：願我來世得菩提時，若諸有情，饑渴所惱，為求食故造諸惡業；得聞我名，專念受持，我當先以上妙飲食，飽足其身；後以法味，畢竟安樂而建立之。

藥師佛行菩薩道時所發的第十一大願是得妙飲食願。希望當藥師菩薩圓滿成佛時，眾生如因饑渴苦惱，為求食生存而造下種種惡業，只要聽聞到藥師佛的名號，專念受持，就得以飽食。而於滿足身體的需求後，再來談論佛法，從而得到究竟解脫樂。

有的人看到親友為搶工作飯碗不惜使出手段，便會責罵說：「你為什麼淪落成這個樣子？」這樣痛罵一番後，即使有意提供工作機會，對方恐怕也不會領情。藥師佛如何關懷這樣的人呢？他採用的方式是先救急，治標之後再來治本，也就是不追究人的過失，先解決斷炊的燃眉之急，才進而提供佛法的解脫方式，斷除苦的根源。

為什麼此生難以得到飽足呢？往往是因慳貪心太重，捨不得讓別人飽足，而得到難以飽足的果報，所以要捨除慳貪心的習性。修行雖要治本，但也要基本的飲食問題得到解決，才能有餘力學佛，安樂行菩薩道。

（十二）得妙衣具願

第十二大願：願我來世得菩提時，若諸有情，貧無衣服，蚊虻寒熱，晝夜逼惱；若聞我名，專念受持，如其所好，即得種種上妙衣服，亦得一切寶莊嚴具，花鬘塗香，鼓樂眾伎，隨心所翫，皆令滿足。

藥師佛行菩薩道時所發的第十二大願是得妙衣具願。希望當藥師菩薩圓滿成佛時，眾生如貧窮到衣不蔽體，苦於蚊蟲叮咬，不堪四季日夜冷熱交加，只要聽聞到藥師佛的名號，專念受持，就會順應所愛好的衣服，得到種種上妙衣服。甚至不僅僅是得到上妙衣服，還能得到一切寶莊嚴具，連裝飾的首飾珠寶都一應俱全。像是花鬘塗香，頭髮所別的花，身上所擦的香水、香料，都能齊備，並且有鼓樂眾伎的音樂歌舞，可以隨心所翫，讓人的心情也感到滿足。

為什麼除了高貴妙衣，還要提供音樂享受呢？因為當人的物質生活得到改善後，精神生活也需要一起得到提昇。換句話說，除了轉化外在的貧窮生活，也需要改變內在的貧窮精神，生活才不會充滿著不安全感，進而在滿足一切所需後，便能引導學佛。很多人在修持藥師法門後，會發現自己很容易遇上一些善因緣，擁有自己不曾想過能得到的機會或是享受，可以很直接看到生活的明顯改善，然而，如果只停留於此，生命的格局太過有限，應該飲水思源，也學習藥師佛發願，幫助他人離苦得樂，圓滿心願。

第十一大願得妙飲食願和第十二大願得妙衣具願，意指透過藥師法門的修行與實踐，我們只要能安住於成佛的菩提大道上，即能諸根具足，身心康樂，轉女成男，回邪歸正，從縛得脫，乃至於今生得妙飲食，得妙衣具，這必然都是善因緣和合的果報。

曼殊室利！是為彼世尊藥師琉璃光如來、應、正等覺，行菩薩道時，所發十二微妙上願。

佛陀告訴曼殊室利菩薩說，以上所說的種種，便是藥師佛在行菩薩道時，所發下的十二個微妙廣大的誓願，希望能夠幫助所有的眾生。佛有十種名號，代表著佛的功德，如來、應、正等覺都是佛的名號。經中提到佛號時，有時單說一名，有時十號具用，有時則略稱三名。

我們只要修持藥師法門，就能和藥師佛願願相應，解決我們現生的一些基本生活問題和脫離困境。修持藥師法門的人，可以說這一輩子都能豐衣足食，生活不會有太大問題。學習藥師法門需要有福報，通常在中國、在東方等地，比較容易聽聞得到，而在福報不足的邊地，便沒有機會聽聞了。

雖然藥師佛願力無邊，但是我們不能停留在只是祈求藥師佛福佑的被動階段，應該積極地學習藥師佛發願。發願要能夠滿願，必須聚集三大力量：自力、佛陀的加被力、法界力。第一種力量是自力，來自我們自己的智慧、福報和信心，願意生生生世世去累積福慧資糧。第二種力量來自佛的加被力，佛菩薩的悲願會護念著我們。第三種力量來自法界眾生平等的力量，人人都一樣平等，都可以成佛，這就是法界的力量。只要自己願意努力，就能所求皆得，誰都阻擋不了我們的成佛願力。

四、藥師佛的果德

藥師佛的果德，可從三個部分來介紹：說略指廣、以西喻東、以伴讚主。說略指廣，是因為藥師佛的果德廣大無邊，言語難以道盡，只能略加讚歎；以西喻東，是因佛佛道同，可以西方極樂世界來說明東方淨琉璃世界；以伴讚主，藥師佛焰網莊嚴，超過日月，故以脇侍菩薩——日光遍照菩薩及月光遍照菩薩，襯托出藥師佛的光明熾盛。

（一）說略指廣

復次，曼殊室利！彼世尊藥師琉璃光如來，行菩薩道時所發大願，及彼佛土功德莊嚴，我若一劫，若一劫餘，說不能盡。

東方淨土的功德非常莊嚴，莊嚴到什麼程度呢？佛陀告訴曼殊室利菩薩，如果用一整劫來敘說，藥師佛在行菩薩道的時候所發的大願，以及成就的佛土種種莊嚴，那是無法說得盡的，即使超過一整劫也是講不完的。

劫可分為小劫、中劫、大劫。世界最初成立時，人壽十歲，百年增一歲，慢慢增至人壽八萬四千歲時，又百年減一歲，一直減至十歲；如此的一增一減，稱為一個小劫，一個小劫大約一千六百八十萬年；二十個小劫，為一中劫；八十個小劫，為一大劫，約為十三億四千四百萬年。

一個小劫的時間，就已經長達約一千六百八十萬年，可是佛陀認為即使超過這樣長的時間，仍然無法說盡東方淨土的功德莊嚴。因此，本段是以略指廣，用簡單的話語，來讓人想像東方淨土的功德莊嚴是如此不可思議。

（二）以西喻東

然彼佛土，一向清淨，無有女人，亦無惡趣，及苦音聲。琉璃為地，金繩界道，城、闕、宮、閣、軒、窗、羅網，皆七寶成。亦如西方極樂世界，功德莊嚴，等無差別。

本段以西方淨土來比喻東方淨土，佛陀先開示了西方極樂世界的淨土法門，眾生也向佛陀請示，是否亦有他方世界類似的淨土法門？故而佛陀宣說東方淨琉璃世界，也就是以西方極樂淨土來譬喻東方淨琉璃世界。

東方淨琉璃世界一直都是清淨的，沒有女人及三惡道的眾生，和因苦痛而發出的呻吟聲。東方淨土以琉璃為地，道路以金繩分界，城牆、城樓、宮殿、閣樓、飛簷、窗戶、羅網，都是由七寶所成。

東方淨土沒有女人，並非是歧視女性，而是因為這裡超越性別，沒有男女相，都是大丈夫相。東方淨土眾生的心量，都是非常廣大的。藥師佛在行菩薩道的時候，也是從雜染心轉為清淨心，將心量從狹小轉為廣大。東方淨土是藥師佛感召同願同行者，所共同成就出來的清淨世界，小器、小心、小量的人，是無法往生東方淨土的。

《阿彌陀經》的西方淨土和東方淨土一樣，沒有畜生、餓鬼、地獄三惡道眾生，雖有一些飛禽，但是這些鳥類都是阿彌陀佛欲令法音宣流變化所做，是化生而成的，並非從畜生道來。這些鳥類所宣說的悅耳法音，能提醒眾生念佛、念法、念僧的心。東方淨土也是如此，淨土世界已遠離了雜染痛苦，沒有受苦的眾生，當然就不會有哀怨呻吟的痛苦聲音。

就大環境來說，東方淨土是琉璃為地，西方淨土則是黃金鋪地。東方淨土以金繩分界，城牆、城樓、宮殿、閣樓、飛簷、窗戶、羅網等建築物，和西方淨土一樣皆由七寶所成。由此可知，東方淨土的功德莊嚴，和西方極樂世界是一樣的，完全沒有差別，為什麼沒有差別？因為東方淨土和西方淨土都一樣是清淨莊嚴的淨土。

淨土如果和我們的穢土相比，那便高下立判了。我們的居住地沒有黃金和琉璃為地，只有水泥為地，而且因為容易髒汙，需要經常打掃清潔。但是我們能以淨土為榜樣，透過學習阿彌陀佛或是藥師佛行菩薩道時所發的本願，經過累劫宿世的菩薩行，感召同願同行者，一樣也能將我們娑婆世界的穢土，轉化成為人間淨土。

（三）以伴讚主

於其國中，有二菩薩摩訶薩：一名日光遍照，二名月光遍照，是彼無量無數菩薩眾之上首，次補佛處，悉能持彼世尊藥師琉璃光如來正法寶藏。

在東方淨琉璃世界中，除了由導師藥師佛來教導東方淨土的眾生，身旁還有日光遍照和月光遍照兩大脇侍菩薩。日光遍照菩薩代表著智慧的光明，月光遍照菩薩代表著慈悲的溫暖，他們都是無量無數菩薩眾的上首，都是果位非常高的菩薩摩訶薩，能次補佛位，也就是一生補處菩薩，是即將成佛的大菩薩，在所有無量無數的菩薩眾中，居於最高位，所以尊為眾之上首。

日光遍照和月光遍照菩薩都是藥師佛的左右手，位為一生補處菩薩，自然都能完全理解和受持藥師佛所具有的正法寶藏。為什麼要特別強調正法寶藏？因為所有的功德法財都是來自正法，成佛之道需要不斷累積正法寶藏的資糧。因緣法的緣起性空是正法的核心，我們要在法性空慧上深入用功，而在般若經典裡，在中觀思想裡，都充滿著正法寶藏，等待著我們取寶。如果我們要修持藥師法門的話，當然也要理解和學習藥師佛的正法寶藏。

是故曼殊室利！諸有信心善男子、善女人等，應當願生彼佛世界。」

《藥師經》透過這三個方式，說略來指廣、以西來喻東、以伴來讚主的方式，讓我們知道藥師佛莊嚴殊勝的果德後，最後則是結勸往生。結勸往生屬於後生樂，我們的下一輩子要去哪裡呢？東方淨琉璃世界可以成為我們發願往生的淨土。

既然我們已經理解了東方淨琉璃世界的福德莊嚴，如果感覺契機，自然就會發願往生東方淨土。因此，佛陀鼓勵具有信心的善男子、善女子等，都應該發願往生藥師佛的世界。

其實，諸佛所說的都是契合真理的，但是修學法門要看自己契機與否。在我們的有生之年，要尋找到與自己有緣的佛菩薩。看看自己和哪一位佛菩薩的名號比較契合，能夠習慣於修持。日久功深，不但能和菩薩的正法寶藏相契合，在往生的那一刻，也能了了分明而不徬徨，清楚自己下一站旅程要往哪裡去。

〈第三篇〉

藥師法門的修持

在認識藥師佛如何以十二大願成就莊嚴的東方淨琉璃世界後，我們要進一步學習藥師法門的修持方法。修持藥師法門對於改善現實人生的問題，有許多直接的助益。

如何修持藥師法門呢？印順導師於《藥師經講記》，將此善巧方便分為三大部分：聞名憶念益、持咒治病益、供養受持益。

「聞名憶念益」包括四種離惡益：1.離慳吝貪惜惡、2.離毀犯見慢惡、3.離嫉妒誹謗惡、4.離鬥訟咒詛惡；以及四種得善益：1.得往生淨土益、2.得上生天國益、3.得還生人間益、4.得轉生丈夫益。

「持咒治病益」分為四項，說明〈藥師咒〉由來和修持方法，了解持咒治病的利益：1.由願觀苦、2.入定說咒、3.持咒滅苦、4.結勸受持。

「供養受持益」是指修持藥師法門，可從供養和受持兩種方式來獲得利益。修供養行，可得曼殊室利菩薩和諸天護持益。受持藥師法門儀軌，可以得到獲福益和免難益。免難益可免五種難：1.百怪出現難、2.一切怖畏難、3.內亂外患難、4.毀犯墮落難、5.女人生產難。

一、聞名憶念益

聞名憶念益，是一聽聞藥師佛的名號，就可以獲得利益。只要不斷地持誦藥師佛的名號，保持念念分明，就能擁有離惡的利益和得善的利益。其實學佛的重點也是如此，止惡行善。

（一）離惡益

聽聞藥師佛的名號，可以遠離四種罪惡：慳吝貪惜、毀犯見慢、嫉妒誹謗、鬥訟咒詛。這四種罪惡，皆從菩薩戒的四個根本重戒來的，第一個重戒是慳吝貪惜心，不行布施；第二個重戒是從憍慢師長心，起而毀謗三寶；第三個重戒是從嫉妒誹謗心，起而自讚毀他；第四個重戒是瞋恚心，起而鬥訟咒詛。這些都是大乘菩薩戒的嚴重過失，就像五戒所犯的根本大戒一樣。如《勝鬘經》中，菩薩的四重戒，也就是慳貪心、憍慢心、嫉妒心、瞋恚心這四種煩惱，會障礙我們菩薩道的道業。

《阿彌陀經》中說：「不可以少善根福德因緣得生彼國。」我們如果想要往生西方淨土的話，在信願之外，還要兼行布施、持戒等功德，因為不可少這些善根福德的因緣。因此，《藥師經》特別強調布施、持戒的重要性。

1. 離慳吝貪惜惡

爾時，世尊復告曼殊室利童子言：「曼殊室利！有諸眾生，不識善惡，惟懷貪吝，不知布施及施果報，愚癡無智，闕於信根，多聚財寶，勤加守護；見乞者來，其心不喜，設不獲已而行施時，如割身肉，深生痛惜。復有無量慳貪有情，積集資財，於其自身尚不受用，何況能與父母、妻子、奴婢、作使，及來乞者？彼諸有情，從此命終，生餓鬼界，或旁生趣。

個性慳吝貪惜的人，不容易行菩薩道，容易壞失戒法。本段經文可以說是道盡了慳吝貪惜的心，這是凡夫宿世煩惱習性的特質。

佛陀告訴曼殊室利菩薩，有一些眾生不懂得善惡因果，心中始終懷著慳吝貪惜的心，不信善惡因果，抹煞道德價值觀，不知道布施的意義和布施的果報。他可能也是聰明人，可以為了朋友吃喝玩樂，一擲千金，卻不肯布施給貧病的人和供養三寶，如此是愚癡而沒有智慧。這樣的人對於三寶缺乏信根因緣，雖然積聚很多財富，卻是個守財奴，捨不得布施與供養。一旦見到有人前來乞求，或是慈善機關向他募款，就非常不高興。有時迫於人事關係、面子問題，萬不得已必須施捨錢財時，就好像是拿著刀割他身上肉一般，痛苦不堪。

還有無數慳貪的人雖然非常有錢，卻總是覺得自己好像都不夠用了，如何能捨得孝養父母，贍養妻子兒女，必然對奴婢與傭工刻薄寡恩，更不用說是乞討者了。除了給自己花用以外，幾乎一毛不拔。像這樣的人結束此生的生命後，來生必然會投生到餓鬼道或畜生道，乃至於地獄道，來生將長期生活在飢餓、乾渴的逼惱當中，這就是慳貪而永無厭足，吝惜而不肯布施、供養的業報。

慳吝貪惜是人與生俱來的惡劣習性，經常會和種種的煩惱相應，但我們往往習以為常，不以為意，卻不知道自己會陷入「惡有惡報」的惡性循環。唯識學對此說明得非常清楚，我們以為自己只是起了一個念頭，其實已快速運作了一連串的五遍行：觸、作意、受、想、思。六根、六境、六識結合為觸，從而產生作意的警覺，接受之後，就打妄想，而在展開行動前，會集中心力在思善、思惡，這一股發動的力量，就是我們造作善、惡業力的關鍵。當我們在思考上產生惡念，就會在第八阿賴耶識裡種下惡的種子，接著又結惡緣，當惡因緣成熟，未來必然得到惡的罪報，也就是會業障現前。

什麼是「不識善惡」呢？如果我們不明白心的運作過程，不知道起心動念都是在造作業力，加上又不懂得分辨善惡行為，任由宿世以來自私自利的習性而起心動念，付諸行動，最終必會自食惡果。由於第七意識雜染的關係，只要我們還是凡夫，都是自私自利的，想要由自私轉為不自私，關鍵在於發菩提心。雖然我們有與生俱來的慳吝貪惜習性，如果明白什麼是善因緣、什麼是惡因緣，以及它們所帶來的業果，就會盡量避免造作惡因緣，不會讓自私自利的心恣意妄為，心就能漸漸地不為己求，這就是明白了善惡的因緣果報。

在生生不已的生命之流裡，我們要具備正知、正見才能超越生死輪迴，必須具備善惡業報的觀念以及般若智慧。然而，很多眾生卻沒有這樣的福報因緣和智慧資糧，可以明白善惡因緣業報，所以一旦不識善惡，就會沉溺於慳吝貪惜而不願意布施，不知道慳吝貪惜是一種劇毒，更無法體會布施的益處。

不識善惡的人，也可說是愚癡無智的人，因為目光如豆，只看得到一時之利，看不到未來會自食惡果。其實布施的功德是無量無邊的，如果能廣種福田，不問收穫，一定會得到無量的善果報。一個人要能離惡行善，必須以智慧來抉擇。如果不懂得抉擇，認為「只要我喜歡有什麼不可以」，任意放縱自我，讓虛幻的自我膨脹，愈來愈強，那就是愚癡無智的人。

我常認為信仰宗教，會比沒有信仰宗教好。因為許多宗教有道德的觀念，能勸人向善，可以幫助我們做比較正面的抉擇。然而佛教的智慧不共其他的宗教，可以累積我們的善根與信根因緣，不至於愚癡無智。我們累積的功德，不但此生可以受用，還可以流轉到來世，讓我們得到更好的來生。然而一般人都難免缺乏信根，習慣勤於守護財寶，若請他們好好地用功修習福德智慧，總說沒時間，但是卻很有時間賺錢。結果辛辛苦苦守到臨終，還是只能兩手空空地離開，充其量只有這輩子能享用到，死後帶不走一分錢，錢財其實是留給有福報的人使用的。甚至臨終前如果沒有分配好財產，死後還會造成兒女鬩牆之爭，破壞了親情。財富本無好壞之分，端看我們如何運用，如果能運用財富做布施供養，就是勤於耕耘自己的功德福田。

布施是做功德，但是往往容易因為捨不得的心，而漏失了布施的功德。比方有人非常富有，卻在一夕之間股票暴跌或生意失敗，而一貧如洗。這有可能是過去生曾累積布施功德，卻在布施後心生悔意感到不捨，而損壞了功德。因此，我們布施時，不要痛如割自己肉般不捨，流失了功德福報。

當然，布施也要量力而為，心中才不會起煩惱，不要連孩子的學費都交不出來，還勉強捐錢行善，倘若布施成為負擔而影響生活，反倒會因為失去歡喜心而產生煩惱，漏失功德。布施的功德大小，不在於捐款多寡，而在於布施的歡喜心。慳吝貪惜心會阻礙功德生起，歡喜心則能增長功德。

有的人看到路上有出家人托缽，會懷疑對方身分的真假，而猶豫著要不要供養。如果我們的心是清淨的，不論對方是誰，不管對方如何運用錢，都願意歡喜布施，這樣的布施就有功德，但這並非說就要當個愚昧的濫好人。如果擔心對方是冒牌的出家人，不會將錢用在正途，那就不要布施給有疑慮的對象，不如將錢捐給你覺得安心的單位，做出智慧的抉擇，畢竟一般人的財力也是有限的。只要是用清淨心布施，是用心為對方設想，福報自然就會隨之而來，不需要擔心對方會因為假扮出家人而造惡業，無論是真是假，對方必須自己承受果報，和布施者無關。

捐款護持寺院，如果只是因為爺爺、奶奶和爸爸、媽媽都這樣做，自己便跟著做，那只是依樣畫葫蘆，無法體會到布施的功德和法喜，那是非常可惜的。布施可以幫助我們消除慳吝貪惜的習性，不妨先從「外財」練習起，也就是布施外在的財物，然後試著做志工或奉獻自己的專長、體力、時間幫助別人，也可以進而布施我們自己的身體，也就是自己的內財，比如捐血、捐骨髓、捐器官、捐大體。布施需要在生活中慢慢練習，不太可能平常吝嗇，臨終卻願意將自己的器官或大體捐出去。我們要用歡喜布施的心，慢慢地調伏慳吝貪惜心，把握機會多種福田。

有一個譬喻對我的影響很大，經常以此自勉辛苦是值得的。如果有人給我們一百公斤的稻穀，我們吃了十公斤，就少十公斤，吃了二十公斤，就少了二十公斤，最後就坐吃山空。該怎麼辦呢？一百公斤的稻穀很有限，如果能從中取出十或二十公斤用於播種，不就有源源不絕的收成了？我們這一輩子所帶來的福報，其實是有限的，都是宿世累積過來的，享福會減少福報，但是如果我們今生能持續地耕耘善因緣，就會不斷地增加功德福報，甚至來生都受用不完。

因此，有形的財寶是有限的，無形的功德財則是無盡的，與其辛苦累積只能今生享用的財富，不如多多修行布施與供養，儲蓄來世也能受用的功德財。

由昔人間，曾得暫聞藥師琉璃光如來名故，今在惡趣，暫得憶念彼如來名，即於念時，從彼處沒，還生人中。得宿命念，畏惡趣苦，不樂欲樂，好行惠施，讚歎施者，一切所有悉無貪惜，漸次尚能以頭目手足血肉身分施來求者，況餘財物！

慳吝貪惜的人雖然死後墮入惡道，但是因為在人間時，曾聽聞過藥師佛的名號，所以如果能想起藥師佛，在回想起的那一刻，就能結束在惡道的生命，立即轉生為人。由於已知道宿命因果，也對惡道感到畏懼，所以不會再貪戀五欲享樂，而能歡喜布施，並稱讚能做布施的人。對於世間的一切都完全不再貪心吝惜，甚至還願意進一步將自己的頭、眼、手、腳和身體的任何部分，都布施給乞求者，更遑論是區區的一般財物了！

一般而言，投生惡道後，很難重回人道，必須要還盡業報。原本墮落到地獄道，可能要用「劫」來計算在地獄道的時間，但是如果因擁有善根福德因緣，在做人的時候，聽聞過藥師佛或大願地藏王菩薩的名號，就有機會脫離地獄，為什麼呢？因為諸佛菩薩都曾發願要解救眾生，只要眾生有善根、有善念，能憶念佛菩薩名號，一旦相應，他們就會前來解救。

其實諸佛菩薩並不需要眾生憶念他，並非一定要念名號才能施救，而是必須符合因緣法，彼此要有相應的因緣。如果佛菩薩單方面想要救度眾生，而眾生就因此而全部度盡，這樣就不符合因緣法則了。因此，眾生自己要培養善根因緣，要聽聞過佛菩薩的名號，才能夠有因緣和佛菩薩相應。

舉例來說，就像有人設立一個電視台或廣播電台，一天二十四小時不斷發送節目，從不中斷，但是並非所有的聽眾或觀眾都能接收得到，不但要有視聽設備、還要調準頻道等種種因緣，才能接收得到節目訊息，所以並非單方面只管發送節目，所有人就隨處都可收看或收聽。這就是因緣法，因緣法是彼此相互相應出來的。

雖然一念善根功德，能讓惡道眾生重回人道，但會將惡道的痛苦餘習一起帶回。因為得宿命念，所以就畏懼惡趣之苦，還會記得上輩子曾經在畜生道、餓鬼道、地獄道裡所受的苦痛，非常害怕再次經歷，所以不敢再貪著欲樂。

很久以前聽過一個故事：有一個人背部有一塊皮膚，長一撮豬毛。他說他曾經當過十輩子的豬，記得每一世當豬被殺的痛苦，要等人吃完牠的肉，才有機會投生當下一輩子的豬，就這樣做了十世的豬。所以一聽到閻羅王判他又要投胎去做豬的時候，他再也忍耐不住了，趕緊拔腿就跑，結果被丟了一把豬毛，所以背上還留著豬毛的胎記。憑著豬毛的記號，讓他忘不了過去當豬的痛苦，並珍惜好不容易重回到人道的機會，只要有做善事的機會，他都盡量去做，因為非常害怕再去當豬。由於他的現身說法，警惕了很多人改變享樂的觀念和行為，所以他也從中累積不少福報，下輩子可能就不用再當豬了。

分享這個故事並非要恐嚇大家，我們應該用智慧心面對因緣果報，而非只為了害怕當豬才做善事。人們不懂得害怕生死輪迴，是因為忘記了過去生種種業報身的艱苦，如果我們真正懂得佛法，就能明白善惡因緣果報的關係，從而謹慎自己的身心行為。

墮入三惡道的眾生要還生人道，需要非常大的福報因緣。必須具備兩個條件：一是業報受盡、二是有善根福德因緣的願力。說真的，墮入三惡道並不可怕，怕的是第八阿賴耶識裡沒有佛菩薩名號的種子。我們不知道自己過去生到底做過什麼壞事，萬一真的墮入三惡道，最重要的是阿賴耶識要有佛菩薩名號的善根福德因緣，才有機會能夠使用得上，讓自己可「從彼處沒，還生人中」，再度回到人道。

我們現在能有機會聽經聞法，也是因為八識田中曾經種過佛號的種子，因為這份善根因緣的關係，而有修行的福報。佛號的種子，除了可讓我們脫離三惡道受苦，面對人生的重重難關，佛號更可以幫助我們感召善因緣，從而消災解厄，增福延壽。

一般人的生活都是貪著欲樂，好逸惡勞，哪裡舒服就往那裡去，所以很容易放逸懈怠。一旦放逸懈怠的時候，就不容易精進，所以學佛者要遠離欲樂場所，以免六根往外奔馳，忘了收攝回內心。沉迷於聲色犬馬生活的人，會覺得做不做善事都沒關係，但是像前面故事中當過豬的人，他只要一想到當豬的前世苦痛，就心有餘悸，對現在所擁有的福報並無任何的貪惜，恨不得將所有福報趕快再布施出去，趕緊再多修一些善業因緣，避免罪業的心會非常地悲切。他甚至連頭、目、手、足、血肉、身分等內財，樣樣都願意布施出去，更何況是錢財一類的外財呢？換句話說，因為他深深體會到行善業的重要性，所以對於別人的任何乞求，就沒有一絲貪惜的心，能夠完全布施出去。

我們雖然沒有得宿命通，不知道自己過去生的記憶和經驗，但是要在仍擁有人身的時候，盡量修行布施、供養，盡量努力修福報。就如媽媽正在廚房燒開水時，總會為了安全，勸孩子離開廚房到外面玩，以免被燙傷。有智慧的孩子聽到警告，就會轉身出去玩，頑皮的孩子則會留在廚房玩鬧，直到真被開水燙傷，哀哀哭嚎，才相信媽媽的話。學佛的智慧並非學神通力未卜先知，而是透過理智的智慧分析，預知自己希望將來如何美好，現在就應該如何改善，並非等嘗到苦果才終於相信與接受。

我們可以從許多因果輪迴的故事，好好體會那種修福報的悲切心，畢竟我們也可能曾是故事主角，經歷三惡道的苦楚。趁著我們還有能力布施，應該多修福報，以此捨離我們慳吝貪惜的習性，而這也是透過聽聞藥師法門，得種善因緣而離惡的益處。

2. 離毀犯見慢惡

復次，曼殊室利！若諸有情，雖於如來受諸學處，而破尸羅；有雖不破尸羅，而破軌則；有於尸羅、軌則，雖得不壞，然毀正見；有雖不毀正見，而棄多聞，於佛所說契經深義不能解了；有雖多聞而增上慢，由增上慢覆蔽心故，自是非他，嫌謗正法，為魔伴黨，如是愚人，自行邪見，復令無量俱胝有情，墮大險坑。此諸有情，應於地獄、旁生、鬼趣，流轉無窮。若得聞此藥師琉璃光如來名號，便捨惡行，修諸善法，不墮惡趣。

本段經文的重點，說明如何捨離毀犯見慢的惡念。持戒是修行的根本，「學處」是戒律，受諸學處即是遵守戒律的意思。佛教有種種學處，比方比丘受比丘戒，比丘尼受比丘尼戒，菩薩眾受菩薩戒，在家眾受五戒等，都是學處。尸羅是梵語sīla的音譯，意譯為戒，有清淨的意思。持戒能破除煩惱，讓人得到清涼自在，因而守戒稱為尸羅。破尸羅，是指破犯殺、盜、淫、妄等性戒。破尸羅損傷私德，破軌則則破壞團體規律。無論是哪一種，都讓毀犯戒法的修行而不得清淨，而藥師法門卻能助犯戒的人恢復清淨。

佛陀繼續告訴曼殊室利菩薩，如果諸有情眾生於佛陀正法中，受學佛陀的戒律，卻毀犯守戒的清淨，損壞私德；或是不曾毀犯守戒律的清淨，卻破壞僧團的公共軌則，事關公共，罪過也不小；或是遵守戒律和僧團的公共軌則，卻失去正確的佛法觀念；或是佛法觀念雖然正確，卻忽略了法門無量誓願學的多聞精神，所以不能真正理解佛法的甚深義理；或是雖然多聞佛法，卻因著傲慢而蒙蔽自心，認為自己是對的，別人都是錯的，並毀謗正法，與魔為伍，像這樣愚癡的人，不只是自己行於邪見，更讓無量無數的眾生，都落入邪見的大險坑。這樣的人本應在地獄、畜生、餓鬼三惡道中輪迴不已，但是只要能聽到藥師佛的名號，便能捨棄所有惡行，修習各種善法，便可不再墮入惡道。

持戒在修行上，是讓我們在生死輪迴中，得保人身的基本守護。有的人認為學佛受戒很麻煩，這個也不能做，那個也不能做，乾脆不要學佛算了！這樣的想法觀念是顛倒而不正確。戒法的功能是守護我們的身心平安，學佛更能知道守戒的重要性，經過受戒儀式，讓我們將戒法謹記在心，留意自己的言行舉止和起心動念。如果真的犯戒，雖然不會受到實質的法律制裁，別人也不一定知道我們的過錯，但是自己會良心不安，從而改善行為。

我們雖然有心持守戒律，卻很難持戒清淨不犯錯，甚至會破壞團體軌則影響大眾生活。戒律的「戒」是規範個人的身心，「律」則是遵守團體的軌則，對自己要守戒，對團體要遵從律制。相對於個人持戒，配合團體隨眾更加重要，比自己守戒的功德還大，如果不隨眾就會破壞軌則，讓團體難以運作，成為了害群之馬。

有的人不但持戒清淨，也遵守團體生活公約，卻沒有建立正確的知見，無法戒、定、慧三學並重。有的人持守戒律，知見也正確，卻不願意多聽聞佛法，所以不能了解佛所說的契經深義。所謂的一門深入，必須在多聞的良好基礎後，才可能愈學愈專精地一門深入。

然而，有些人卻因為博學多聞而增上慢，這是一大麻煩，為什麼會增上慢呢？

慢心和宿世有關係，屬於第七識宿世習性的根本煩惱，所以我們很容易起慢心。增上慢會蒙蔽我們的心，覺得只有自己說的才能稱為正法，自以為是，認為自己是對的，別人都是錯的，殊不知反而失去修正錯誤觀念的機會，於是便毀謗正法，對於別人理解的佛法不以為然。渾然不知一念慢心起，會讓自己毀於一旦，因為嫌謗正法，剛強難馴，所以容易和邪行邪道者相應。

如果只有修學佛法卻沒有信仰心，很容易增長邪見，因為雖然運用很多的佛教名相，那只是你個人的看法而已，和佛法的信願、慈悲、智慧是不相應的。如果只有信仰而沒有智慧，那只會愈學愈愚癡。修行如何將智慧與信仰結合在一起呢？是否有皈依心是入佛門的重要指標，當有了信仰心，才可能想到皈依，才可能依信願為修行方向。

有的人學佛多年，卻一直不想皈依，這樣的修行態度一定會出問題的，因為折伏不了自己的增上慢。這樣的人總會有一套自己的想法，認為學佛不一定要皈依在三寶門下，這種想法其實就是在增長個人的邪見，真是太可惜了。學佛一定要皈依，修行才能提綱挈領，比如整理僧衣長衫時，要從哪裡抓起來整理呢？只要將領子抓起來，不就全部四平八穩了？皈依就像提綱挈領的要領，才能避免自行邪見。皈依產生信願心後，看到佛陀如何實踐生命，感動於佛陀宿世累劫的無盡願心，才能知道自己的不足，而不會愈學佛愈自覺了不起，甚至還連累一大群人，都往觀念錯誤的大險坑裡跳。「毀犯見慢」的執著，不只會害自己，大慢心還會影響無量無數的人走錯修行方向，難以計算所造的惡業，所以死後會在地獄道、畜生道、餓鬼道不停流轉。

上述的這類人，雖然因種種過失墮入三惡道，但是只要聽聞藥師佛的名號，便能捨惡行、修善法，而不再墮入惡道。我們從中也了解到，謙虛學習非常重要，諸佛菩薩之所以偉大，就是因為他們一直不斷地虛心學習，如果起了慢心，其實就學習不下去了。增上慢是一種非常嚴重的惡行，我們尋找老師學佛時，千萬不要去找自以為是的人學習，免得和他一起掉入了大險坑裡。持念藥師佛的名號，能喚醒我們的善根，不會在見解上起增上慢，毀犯正法，而免墮惡道，這也是聞名憶念的利益。

設有不能捨諸惡行，修行善法，墮惡趣者，以彼如來本願威力，令其現前暫聞名號，從彼命終還生人趣，得正見精進，善調意樂，便能捨家趣於非家，如來法中，受持學處，無有毀犯；正見多聞，解甚深義，離增上慢，不謗正法，不為魔伴，漸次修行諸菩薩行，速得圓滿。

如果有人罪業太重，善根微弱，一時在思想、行為方面，扭轉不過來，不能捨棄惡行、修習善法而墮入惡道，由於藥師佛本願的威力，可以讓這個人聽聞到藥師佛的名號，命終後還可轉生人道，並得到正見而能精進用功，善於調整內心意樂，便能捨離家庭而出家修道，在如來教導中持守戒律不毀犯。不但能從正見開展多聞學習，理解佛法的深義，並遠離傲慢心，不毀謗正法，不與魔為伍，而能循序漸進修學各種菩薩行，迅速圓滿功德。

為什麼連不能捨棄惡行的人，藥師佛都能讓他從惡道命終後轉回人道修行呢？因為藥師佛曾發過「回邪歸正」的大願，希望幫助所有的眾生都保持正確的知見。因此惡行邪見的人，不只能很快結束惡道的生命，回到人道，還可得到正見以精進用功，而與正法相應的話，自然能善調意樂，因為理解因緣法，可將心調柔。

我剛學佛時，以為修般若法門能得堅如金剛的大智慧，是很高尚的事，卻沒想到般若法門竟然教導我們要「柔順忍」。為什麼要柔順忍呢？般若法門其實是在教導我們理解緣起性空的因緣法，也就是消除與放下我們的自性妄執，不再自以為是，以為自己可以主宰一切，而剛愎自用。很多人認為自己是獨一無二的，甚至錯覺自己可以常存不變於世間，而常起慢心，這些錯誤的見解會讓人的個性有稜有角，固執不通。

我們和一些人相處，也會有既期待又怕受傷害，因為這些人有時說話很親切柔軟，有時卻像刺蝟一樣傷人，讓人不敢靠近。如果是真正的菩薩，是完全沒有刺的，待人非常柔軟溫暖，讓人有安全感的。菩薩之所以能夠柔軟，是因為理解了因緣法，能放下自性妄執，這種柔軟不僅能利益自己，還能利益眾生，讓眾生願意接觸菩薩學佛。

因此，建立正確的學佛知見後，還要善調意樂，調伏自以為是，自是他非的宿世習性。善調意樂後，也才能夠捨除家庭的束縛，出家專心地修行。在佛門裡好好地學習和持守戒律，並且透過正見多聞，深入法性智慧，與正法相應，自然會離增上慢。這整段是說如果學佛能按部就班，點點滴滴仔細觀照自己，宿世的我慢等根本煩惱，便不會任意生起，能夠調伏慢心，就不會毀謗正法，與魔相伴。

所謂的魔，不一定是外魔、天魔，我們自己也會起心魔，心魔就是煩惱魔，當煩惱生起時，不僅有根本煩惱，大隨煩惱、中隨煩惱、小隨煩惱都會不斷尾隨而來。對治心魔必須具備正法。我們一旦毀謗正法，心魔就來了，我們就會為魔伴黨。所以說不謗正法，就能不為魔伴，腳踏實地修行諸菩薩行，反能速得圓滿，成就佛道。

3.離嫉妒誹謗惡

復次，曼殊室利！若諸有情，慳貪嫉妒，自讚毀他，當墮三惡趣中，無量千歲受諸劇苦；受劇苦已，從彼命終，來生人間，作牛、馬、駝、驢，恆被鞭撻，饑渴逼惱；又常負重，隨路而行。或得為人，生居下賤，作人奴婢，受他驅役，恆不自在。

如果有人慳吝貪惜又嫉妒他人，喜歡讚美自己和損毀他人，將墮入三惡道，經過無數的千年歲月，飽受各種極大痛苦，從三惡道死後，轉生人間，可能變成為牛、馬、駱駝、驢子等畜牲，終生被鞭打，為飢渴所折磨逼惱，經常背負重物在路上前行。也可能有幸得到人身，可是卻出生卑賤，充當奴婢，聽候他人差遣驅使，無法自由。

慳貪戒、自讚毀他戒都屬於菩薩戒的重戒，所以「慳貪嫉妒、自讚毀他」會讓人墮入三惡道。如果以一小劫為約一千六百八十萬年來做計算單位，再乘以無限的無量千歲，要在三惡道忍受這樣無止盡的千千萬萬年痛苦，實在是非常可怕。人道是六道升沉的樞紐地帶，如果我們好好地守戒、修定、修福報，就能往生天界，如果想要發願再來人間，也可以滿願。

福報太大，大到鴻福齊天，有時候反而會障道，讓人忘了修行，所以必須要以智慧來做修行的基礎，要銜接宿世以來的智慧資糧。維摩詰居士便是一個典範，他是個家財萬貫的大長者，除了經常布施財物，也能布施佛法，乃至於布施無畏，讓眾生透過佛法心開意解，免於恐懼害怕，這樣便是福慧雙修，不會產生因為福報太大而障道的情況。

六道中，只有人道可以同時造善業和造惡業。天道幾乎都是在享福，沒有培福的機會；三惡道幾乎都是在受苦，只能償受業報，沒有行善的機會。人道的升沉關鍵在於起心動念的善惡念頭，如果死後發願重回人間，當在惡道受完果報後，可能會回到人間做牛、做馬等畜牲，或是成為賤民。同樣是畜生道，有的投生在蠻荒之地或農家農場，有的則是投生動物園，福報也有所不同。生在動物園，至少三餐都有人餵食照顧；生在農場，則可能被鞭打和驅使勞動；生在荒野，則可能被野獸吞噉。

如果為人奴婢，雖然有幸重獲人身，卻脫離不了貧賤的命運，不得自由。同樣都住在地球上，卻有約五分之一到四分之一的人，不得飽食終日，我們能夠三餐無慮，可見得福報有多大，更何況還能聽經聞法，表示同時擁有福、慧兩種資糧。因此，我們要珍惜自己現在的福報，遠離嫉妒誹謗的惡心惡行，不再慳貪，能經常財布施、法布施、無畏布施，並改變嫉妒、不耐他榮，並調柔自讚毀他的慢心。

若昔人中，曾聞世尊藥師琉璃光如來名號，由此善因，今復憶念，至心歸依。以佛神力，眾苦解脫，諸根聰利，智慧多聞，恆求勝法，常遇善友，永斷魔羂，破無明㲉，竭煩惱河，解脫一切生、老、病、死、憂、悲、苦惱。

我們現在能夠聽經聞法，是因為過去生曾經有的善根因緣，聽聞過諸佛菩薩的名號，現在只是再恢復記憶而已。因此，有的人會覺得自己沒什麼學佛善根，其實只是沒有喚醒善根而已，可能因家庭、事業都忙得不可開交，加上前六識受到種種紛擾影響，第七和第八識不受重視，但卻仍然不停地做記錄，我們必須喚醒儲藏在第七、八識的善根，讓善根因緣可以再度活絡起來。

三惡道的眾生，如果在過去為人時，曾經聽聞過藥師佛的名號，由此善因緣，現在還能憶念起來，一心一意皈依藥師佛。如此將能憑著藥師佛的威神力，解脫所有三惡道的痛苦，擁有聰利的感官能力，具有智慧又能多聞佛法，恆常追求殊勝的妙法，並常遇善知識，永遠斷除邪魔外道的羂網，破除愚癡無明㲉，枯竭險惡洶湧的生死煩惱河，解脫所有生、老、病、死的一切痛苦煩惱。

人的感官都習慣追求物質享受，甚至會相互較勁。比來比去的結果，人比人只會氣死人。假如為了「輸人不輸陣」而一直往外茫然追求，其實會愈來愈感到身心難安，這時反而要往內收攝身心，我們的感官才會聰明利根起來，覺知的能力變得敏銳，這樣才是「諸根聰利」，此時也才能明白智慧多聞和恆求勝法的重要性。智慧多聞和世智辯聰不一樣，真正的智慧要能化解煩惱，讓人快樂自在。而當我們用心學習佛法和行菩薩道，自然就能常遇善友，會有很多學佛的良師益友主動與我們為伴，如果不小心起了退道心，他們便會拉我們一把，助我們脫離魔網，破除無明鷇，截斷煩惱河，不再生死輪迴。

4. 離鬥訟咒詛惡

復次，曼殊室利！若諸有情，好憙乖離，更相鬥訟，惱亂自他，以身語意，造作增長種種惡業，展轉常為不饒益事，互相謀害。告召山林樹塚等神；殺諸眾生，取其血肉，祭祀藥叉羅剎婆等；書怨人名，作其形像，以惡咒術而咒詛之；厭魅蠱道，咒起屍鬼，令斷彼命，及壞其身。

鬥訟是爭訟的意思，文字攻訐或訴諸法律。俗話說「冤冤相報何時了」，有些人不肯饒恕人，在古代是告到官府，在現代是走上法院，不論是哪一種爭訟，官司在身就是不得輕鬆，事情好像永遠沒完沒了。不只自己苦惱，別人也深感痛苦，隨時都可能被逼迫不得不造作惡業。

如同經文中說，如果有人喜歡挑撥離間，互相爭吵毆鬥，纏訟不休，惱亂自己和他人，以身體、言語、意念從事和增長種種惡業，不饒恕和不利益人，互相傷害。甚至用巫術祈禱山神、樹鬼或墳塚幽靈謀害人，殺害動物生命以取其血肉，來祭祀藥叉和羅剎鬼等。書寫仇人的名字，或用泥、木、草等造作仇人形像，以邪惡的咒語來詛咒仇人。「厭」是以泥水匠於屋樑或牆壁間，暗藏刀劍、假人之類物品，使主人居住不安。「魅」近於中國所說的妖精。「蠱道」是將毒蟲聚集在一起，讓牠們自相殘殺，並殺死最後一隻最毒的毒蟲，磨成粉末，偷放入仇人的衣服或食物，使仇人中毒身亡或難以自主。「咒起屍鬼」是以咒法召來殭屍殺死仇人，傷害其屍體。

是諸有情，若得聞此藥師琉璃光如來名號，彼諸惡事，悉不能害。一切展轉皆起慈心，利益安樂，無損惱意及嫌恨心；各各歡悅，於自所受生於喜足，不相侵凌，互為饒益。

這些被前面所說惡心、惡念、惡行加害的有情眾生，如果能聽聞藥師佛的名號，承藥師佛的慈悲功德力，前面所說的這些惡事，便都不能加害他們，所有原來惡人的惡念都能轉為慈心，並願意為對方設想謀福，同享安樂生活，再沒有傷害心和嫌惡心。人人都喜悅快樂，感到今生今世心滿意足，不再互相搶奪，而能互相幫助。

當我們想要把對方置之於死地，其實也等於把自己置之於死地，因為會一切無所不用其極，結果讓自己先陷入了苦境中。換句話說，當我們傷害別人時，等於是傷害自己；當我們想要利益別人，也等於是利益自己。因此，放過別人，其實就是放過自己。假使我們能夠轉換心念的話，將邪心惡念轉為慈心善念，便能得到善的循環，互為饒益，不再互相傷害。

「害人之心不可有，防人之心不可無」，我們不可害人，那要如何防止他人害己呢？所謂「明槍易躲，暗箭難防」，如果我們曾經與人結過惡緣，當對方想要算計之時，唯有透過自己精進修行的功德力，來化解他人之害，解冤釋結，才是根本解決之道，同時這也如同堅實的保護層，能躲過他人暗箭的最佳方法。萬一功德力依然不足，真是躲不過，至少也化解了一部分，雖尚未完成，那也就只能來世再繼續努力了。

如何起善心善念呢？最好的方式是，平時養成念佛號的習慣。當我們生氣或苦惱時，如果能稱念佛號，就能中斷惡念，甚至轉邪心惡念為慈心善念，如此才能有機會解冤釋結，化解彼此的心結。養成念藥師佛名號的習慣，其實也是一種防身術，可防止被別人暗算，讓我們自然遠離鬥訟咒詛的惡業。

（二）得善益

執持藥師佛名號，除有種種離惡的利益，還有種種得善的利益，包括：得往生淨土益、得上生天國益、得還生人間益、得轉生丈夫益。

1.得往生淨土益

復次，曼殊室利！若有四眾：苾芻、苾芻尼、鄔波索迦、鄔波斯迦，及餘淨信善男子、善女人等，有能受持八分齋戒，或經一年，或復三月，受持學處。以此善根，願生西方極樂世界無量壽佛所，聽聞正法，而未定者。

四眾弟子是指苾芻、苾芻尼、鄔波索迦、鄔波斯迦。苾芻是比丘，苾芻尼是比丘尼，為出家的男女二眾。鄔波索迦是優婆塞，鄔波斯迦是優婆夷，為在家男女居士。四眾弟子以外的其他未受三皈、五戒的信眾，則是淨信善男子、善女人。如果他們能受持八分齋戒，或一年或三個月，都能堅定持戒，依此善根發願往生西方極樂世界無量壽佛淨土，聽聞正法，但是尚未把握確定往生西方的人，也可以修持藥師法門，做為補救的方法。

八分齋戒能讓在家居士學習出家生活的戒律，是佛陀為在家弟子特別開設的一種方便，可以在一日一夜間持守出家戒律，體驗出家的清淨生活。所謂的八分齋戒，是遵守八條戒再加上持齋，包括：1.不殺生、2.不偷盜、3.不行淫、4.不妄語、5.不飲酒、6.不著花鬘和不香塗身、7.不歌舞倡伎和不故往觀聽、8.不臥高廣大床。所謂持齋，是指不非時食，也就是要過午不食，不吃晚餐。

八分齋戒的基礎在於五戒：不殺生、不偷盜、不邪淫、不妄語、不飲酒，由於八關齋戒要遵守出家戒律，所以五戒的「不邪淫」改為「不行淫」。「不著花鬘和不香塗身」，主要是不刻意地裝飾自己，過出家人的生活。一天中暫時不看電視或聽音樂，不坐臥高廣大床，專心受持近出家人的戒律一日一夜。八分齋戒又稱八關齋戒，「關」字意指關閉，透過持戒關閉八種惡法的罪過，關閉生死流轉之門。一般人不容易有機會體驗出家生活，而透過持戒的方法，不但可以清淨身心，還能培養種種功德。受持八關齋戒的時間，或經一年之久，或只是一月、五月、九月這三個月內，受此戒律，以此功德善根，發願往生西方淨土，如果還不確定志向，也可以透過持八關齋戒和聽聞正法，幫助堅定自己的願力。

若聞世尊藥師琉璃光如來名號，臨命終時，有八大菩薩，其名曰：文殊師利菩薩、觀世音菩薩、得大勢菩薩、無盡意菩薩、寶檀華菩薩、藥王菩薩、藥上菩薩、彌勒菩薩。是八大菩薩乘空而來，示其道路，即於彼界種種雜色眾寶花中，自然化生。

如果我們得聞藥師佛名號，在臨終之時，將有名號為文殊師利菩薩、觀世音菩薩、得大勢菩薩、無盡意菩薩、寶檀華菩薩、藥王菩薩、藥上菩薩、彌勒菩薩等八大菩薩，乘空而來迎接亡者，指引其往生淨土的道路，而得以自然化生於佛國淨土，色彩繽紛的珍貴蓮花中。

有情有四種出生方式：卵生、胎生、濕生、化生。卵生如禽類雞、鴨等，母體生卵，與母體分離，加以孵化而成。胎生如人獸等，肢體完成，脫離母體而生。濕生如昆蟲的蚊、蛆等，先由母體生卵，離母體後，攝受水分與溫度，由濕潤地的濕氣所生，達於成蟲。化生如鬼、神等，由過去業力化生，為無所託而忽有者。往生佛國淨土者，不需要經過父母生身的胎生，而是在蓮花中自然化生。

八大菩薩所指引的道路，究竟是往生西方淨土或東方淨土呢？由於經文沒有講明，有人便對此感到困惑。通常認為兩種說法都對，主要是看個人的意願。一種是隨八大菩薩引導往生西方淨土，縱然我們生前修持東方淨土法門，持誦藥師佛的名號，如果最後想要往生西方淨土，也是可以的，八大菩薩會將我們送到西方淨土。另一種則是雖然最初發願往生西方淨土，但如果沒有把握，也可以隨八大菩薩往生東方淨土。

佛佛道同，法法相通，無論東方或西方都是佛國淨土，諸佛菩薩其實沒有差別，都是眾生在起分別。諸佛菩薩都是應眾生的要求而度化，所以必須眾生有往生的意願，才能夠接引得了。

2.得上生天國益

> 或有因此生於天上，雖生天上，而本善根亦未窮盡，不復更生諸餘惡趣。

如果因信心願力不足，而未往生佛國淨土，也可以因著聽聞藥師佛名號的功德，轉生天界，雖然出生在天界而非佛國，但是本有的善根沒有消失，所以不會再轉生三惡道中。

3. 得還生人間益

天上壽盡，還生人間，或為輪王，統攝四洲，威德自在，安立無量百千有情於十善道；或生剎帝利、婆羅門、居士大家，多饒財寶，倉庫盈溢，形相端嚴，眷屬具足，聰明智慧，勇健威猛，如大力士。

由於曾聽聞藥師佛名號，種下了善根，所以在天上壽命享盡後，又轉生為人時，有的人會成為轉輪聖王，統領四大洲，能自由主宰權勢，讓無數的人民可以安居樂業，依十善道生活。有的人會生在剎帝利、婆羅門或居士長者大家族，擁有很多的財寶，倉庫物資充裕，生來容貌端莊，父母、兄弟、夫婦、兒女等眷屬，都具足無缺。不但頭腦聰明有智慧，而且身體如力士般勇猛。

轉輪聖王是能統治世界的英明君王，佛教認為須彌山位於世界的中央，旁邊有四大部洲：東勝身洲、西牛賀洲、南贍部洲、北俱盧洲，金輪王統治四洲，銀輪王統治三洲，銅輪王統治二洲，鐵輪王統治一洲，所以經文所提到的轉輪聖王，其實就是金輪王，統一天下。轉輪聖王以仁治世，是學佛的護法，所以能以十善道治理世界，引領百姓步上美滿、安樂、向上的人生境界。所以經中常說轉輪聖王，多為菩薩的化身。十善道是從身、口、意三業發展出來，包括：不殺生、不偷盜、不邪淫、不妄語、不兩舌、不惡口、不綺語、離貪欲、離瞋恚、離邪見。

福報較大的眾生可以成為輪王，福報較小的眾生則生為貴族的武士、婆羅門或居士大家，無論財富、容貌、親屬、智力、健康身體的條件，都非常優越，所以能過得非常幸福。

如果我們修持藥師法門，死後不往生淨土，而是選擇重回人間，福報不會因此消失，一樣能在人間享受大福報。但我們依然要繼續悲智雙運，持續嘉惠眾生行菩薩道，耕耘福田。

4.得轉生丈夫益

若是女人，得聞世尊藥師琉璃光如來名號，至心受持，於後不復更受女身。

如果女人對女身生厭棄心，因為聽聞到藥師佛名號，並至誠地領受奉持，來生就不會再成為女身，並以大丈夫身，精進修行，向於佛道。如何至誠地受持呢？就是將領受奉持佛號變成生活的一部分，也就是成為每天的功課。如果想在這一生轉女成男比較困難，但是可以從擴大我們的心量來改變，女性也能有大丈夫的承擔力和胸襟氣魄。

二、持咒治病益

在了解聞名憶念所得到善的四種利益後，接著介紹藥師法門在持咒治病的四種利益。

（一）由願觀苦

復次，曼殊室利！彼藥師琉璃光如來得菩提時，由本願力，觀諸有情，遇眾病苦，瘦攣、乾消、黃熱等病；或被厭魅、蠱毒所中；或復短命；或時橫死；

欲令是等病苦消除，所求願滿。」

持咒治病的利益，第一點是由願觀苦。為什麼藥師佛要發這樣的願？因為他觀照有情眾生，有著太多苦痛的緣故。

佛陀告訴曼殊室利菩薩，當藥師菩薩成佛的時候，由於他發本願的力量，所以以慈眼觀察有情眾生，看到眾生的種種病苦，有人生瘦癵勞傷肺病而消瘦；有人生消渴症而口渴、肚餓、吃得多、拉得多，現稱糖尿病；有人生黃疸熱病，全身及眼睛發黃。或看到眾生被人暗中捉弄，被厭魅咒術所擾、蠱術所害，或是短命夭折，未盡天年，意外橫死。因此，藥師佛發願要消除一切眾生的病苦，滿足他們祈求的願望。

瘦癵、乾消、黃熱是三種古代常見的重病，一旦遇到都很麻煩，所以經中以此為譬喻舉例。除了生病的痛苦，遇到被人算計施咒，或短命早夭，都是難防的災厄，所以人們會針對病苦災厄，祈求身體健康，消災解厄，增福延壽。藥師菩薩透過觀照眾生苦，而發起了大願。

（二）入定說咒

時，彼世尊入三摩地，名曰除滅一切眾生苦惱；既入定已，於肉髻中出大光明，光中演說大陀羅尼曰：

那個時候，藥師佛就入三摩地，也就是入定的意思。三摩地是禪定的境地，藥師佛所入的禪定稱為「除滅一切眾生苦惱」定，既然已經入後，便從肉髻中放出大光明，於光當中演說大陀羅尼。

所謂的陀羅尼，是總持的意思，能總一切法，持無量義，能把所有佛法裡所有甚深的法義完全持誦，並且能夠攝持所有一切的功德，能夠遮止所有一切的罪惡。換句話說，就是總一切的善法，持一切的無量義。

陀羅尼往往是透過咒語來表達，所以一旦演說了大陀羅尼，之後所接著的就是一段咒語。

「南謨薄伽伐帝，鞞殺社窶嚕，薜琉璃，鉢喇婆，喝囉闍也，怛陀揭多耶，阿囉喝帝，三藐三勃陀耶。怛姪他：唵！鞞殺逝，鞞殺逝，鞞殺社，三沒揭帝，娑訶！」

咒語一般是不解釋的，但是〈藥師咒〉可以做點解釋。「南謨薄伽伐帝」的意思是皈依至高無上的世尊，「南謨」是「皈依」，「薄伽伐帝」是「薄伽梵」，也就是「世尊」。「鞞殺社窶嚕」是「藥師」，「薜琉璃」是「琉璃」，「鉢喇婆」是「光」。佛有十個名號，咒文提及其中的四個，「喝囉闍也」是「王」，「怛陀揭多耶」是「如來」，「阿囉喝帝」是「應供」，「三藐三勃陀耶」是「等正覺」，這些都是尊稱藥師佛的名號。

「南謨薄伽伐帝，鞞殺社窶嚕，薜琉璃，鉢喇婆，喝囉闍也，怛陀揭多耶，阿囉喝帝，三藐三勃陀耶」，全句的意思是「皈依世尊藥師琉璃光王如來、應供、等正覺」。

本咒的咒心在：「怛姪他：唵！鞞殺逝，鞞殺逝，鞞殺社，三沒揭帝，娑訶！」「怛姪他」是「即說咒曰」，「唵」是「皈依」，也有警覺的意思，把精神集中起來。「鞞殺逝」和「鞞殺社」都是「藥」的意思。「三沒揭帝」是「普度」，普度一切眾生。「娑訶」是「速得成就」，如同「急急如律令」。

因此，咒心的意思即是：「即說咒曰：『藥！藥！藥！普度一切眾生，速得成就。』」

藥師佛的藥，不但能對治我們所受到的病苦，還能化解被暗算設計和短命橫死的痛苦，所以說〈藥師咒〉具有消災解厄和增福延壽的功能，能對治我們現生的種種問題。其實在持咒的當下，我們的身心痛苦就能獲得一些舒緩，從緊張的壓力中抽身，用咒語來安定自己。而起了善心善念後，能讓我們的現前業障因緣被打散，不會一直聚集在一起，讓我們的善因緣有機會突破業障，和合起福報來。〈藥師咒〉就是我們眾生有病痛時，向藥師佛懇求救濟的一種密碼，我們不一定了解其中意義，但只須誠懇持念，自然會與藥師佛的慈悲願力，感應道交，發生消除病苦的作用。因此，持誦〈藥師咒〉可以為自己和別人祈福，在人生苦海中離苦得樂。

爾時，光中說此咒已，大地震動，放大光明，一切眾生病苦皆除，受安隱樂。

那時，藥師佛在光中宣說完神咒後，大地為佛光威力而震動起來，天地間遍放大光明，從而消除了一切眾生的所有痛苦，不會再受病苦的纏綿侵擾，過著安靜康寧的生活，人人都安穩快樂。

「安隱樂」的意思是安穩快樂，古字「隱」和「穩」是相通的。持念〈藥師咒〉可以和藥師佛的願力相互交感，因而消除病苦，得到安穩快樂。如同有兩個人使用密碼暗號，別人可能不知道他們在互傳消息，〈藥師咒〉就是我們和藥師佛之間的密碼。當我們遭逢困境或生病時，假如與藥師佛之間有這樣密碼的相接，就能和佛的大悲願力感應道交而逢凶化吉，咒語具有這樣的作用力。

（三）持咒滅苦

「曼殊室利！若見男子、女人，有病苦者，應當一心為彼病人，常清淨澡漱，或食、或藥、或無蟲水，咒一百八遍，與彼服食，所有病苦悉皆消滅。若有所求，至心念誦，皆得如是無病延年；命終之後，生彼世界，得不退轉，乃至菩提。

了解咒語的內容後，我們如何持咒滅苦呢？

佛陀告訴曼殊室利菩薩說，如果見到任何為病所苦的男子或是女人，我們應該要一心一意地為這位病人，虔誠持誦〈藥師咒〉，念到一心不亂，必然有所感應的。替病人持念此咒時，必須事先洗澡、漱口，常保持自己身口的清淨。再將病人所用的食物、藥物或用沒有小蟲的乾淨飲水，念咒一百零八遍，再給病人服用，就能消除病人所有的病苦。如果還有其他的祈求，只要至心虔誠地念誦〈藥師咒〉，便可蒙佛加被，無病無災，延年益壽。當生命結束後，往生東方淨土，決定不會退轉到三惡道，乃至最終將能究竟證得佛果，如同西方極樂淨土一般。

聽說印度和東南亞的人，喜歡一大清早洗澡，洗澡後漱口，讓身體和嘴巴都保持乾淨清爽。《毘尼日用切要》說：「佛觀一缽水，八萬四千蟲。」八萬四千蟲其實就是細菌，是我們肉眼看不到的微生物，只有佛眼才能得見。佛陀時代的僧人因修慈悲心，喝水前都要用布將水過濾之後，確定水中沒有小蟲才能飲用，稱此為無蟲水。

陪伴病人時，我們最多只能協助減輕病苦，或是協助祈福延壽，但是任何人最終都難免一死。因此，鼓勵人相信自己有往生淨土的善根福德因緣很重要，讓他們有發願往生的意願。至於想要往生東方或西方淨土，就看各人自己的願望。

我們為人子女，要對父母盡孝，若在物質上的奉養，那只是一般的孝順，如果能在精神上和法身慧命上，為父母開啟無量壽的法身慧命，那才是真的盡大孝。能夠如此，父母在年老生病的時候，心裡會比較沒有罣礙，也比較不會害怕死亡來臨，知道自己的未來還是有希望，而不是人老了就只能等死，好像生命只能不斷地走下坡，而能知道下坡之後，其實又是另一個上坡，死亡就是往生。要是能鼓勵老人或病人持誦〈藥師咒〉，並為他們解說經典義理，讓他們能接受和了解佛法，從而願意學習發願，那才是最好的孝道，這將影響他們來世的去處。

（四）結勸受持

是故，曼殊室利！若有男子、女人，於彼藥師琉璃光如來，至心殷重恭敬供養者，常持此咒，勿令廢忘。

佛陀告訴曼殊室利菩薩說，如果有善男信女們誠心誠意地禮敬供養藥師佛，一定要常持〈藥師咒〉，千萬不要懈怠忘記。

佛陀於此做一最後的結語，勸導大家一起來持咒受持藥師法門。只要用心持咒，在現世消災解厄，增福延壽，是必然會有感應的，因為這是藥師佛所發的大願。因此，持咒修持藥師法門，可以獲得咒治病的利益，得到現世的安樂。

三、供養受持益

在供養所得利益，先說明供養藥師佛的利益，再進而說明受持的方法。

(一)修供養行

復次,曼殊室利!若有淨信男子女人,得聞藥師琉璃光如來應正等覺所有名號,聞已誦持;晨嚼齒木,澡漱清淨,以諸香花、燒香、塗香,作眾伎樂,供養形像。

如何供養藥師佛呢?佛陀告訴曼殊室利菩薩說,如果有具備清淨信心的善男信女,聽聞過藥師佛應供、正等覺等所有的十種名號,聽聞後能夠經常恭敬持誦,當然也包括禮拜供養等。如何供養呢?就是每天清晨時嚼齒木,木中有苦汁,可除口臭,清潔牙齒,洗漱沐浴清淨,然後敬獻各種芳香妙花、燃燒名香、塗身香末,以及表演音樂,歌詠讚歎,以供養各種佛像。由於虔敬心、清淨心的供養,當然能夠成就功德利益。

古印度沒有牙刷、牙膏,都是用齒木來保持口腔清潔。齒木就是楊枝,為用於磨齒刮舌的木片。《五分律》記載佛陀說:「嚼楊枝有五功德:消食、除冷熱、唌唾善能別味、口不臭、眼明。」

古印度人會在臉上、身上塗香，並演奏伎樂來供養佛，而我們在《藥師經》的經變圖裡，可以看到樂團和跳胡旋舞的畫面，都是對諸佛菩薩修供養行，而以現代佛教來說，我們是透過法器或梵唄唱誦來做供養。

於此經典，若自書，若教人書，一心受持，聽聞其義。

如果能夠自己抄寫《藥師經》，或是勸導別人抄寫，並專心受持，聽聞經文的法義，將有很大的功德。特別是在印刷術不發達的古代，無法大量印經，需要靠人抄寫，一本接一本慢慢流傳，所以書寫的功德非常大。

我非常鼓勵人鈔經，類似早晚課誦一樣，每天撥一點時間書寫，可以幫我們沉靜心靈。我剛出家的前半年，便是靠著抄寫經典來轉換與調適自己的新身分。畢竟都當了三十年的在家人，突然間變成出家人，不是只有外相上的轉換，內心的轉換也很重要。那時除了誦經拜懺禮佛，就是透過抄寫經典來走過那段心路歷程，那是我很重要的一段經驗。

鈔經除了可以安定身心，也可以透過熏習佛法來開智慧。當心沉靜了，很多心事都能心開意解。我曾經遇過一對感情非常好的夫婦，而如膠似漆的佳偶一旦分別，那種苦非常難以承受。那位先生在太太死後，整個人失魂落魄，好像斷了手腳一樣，很多事都不會做。不但煮飯做菜等家事做不來，連生活都不知該怎麼過，一直懷念太太在世時的種種美好。無論如何，日子再苦也是要過下去，我便勸他可以鈔經迴向給太太。他於是每天就會找個固定的時間書寫經典，感覺好像能透過鈔經和太太溝通。

鈔經對陽者來說，是一個很大的安慰，而對亡者來說，也能感受到這份功德，所以書寫經典能讓人調伏解脫生離死別的痛苦。能夠在四十九天內，盡心盡力地為往生者鈔經，其實自己也會比較心安理得，會覺得自己還有機會可以為對方盡一分力。而當專注書寫時，也能減輕心裡的悲傷。那位先生說：「每天鈔經的這段時光，好像我可以與太太好好對話，也是我感覺一天最平靜、最踏實、最喜悅的時光，所以我非常珍惜這個機會。」

如果在四十九天後，還能夠延續鈔經的習慣，將能受用一輩子，甚至還能受用到下一輩子，因為善念能不斷延續下去。鈔經、誦經、持咒、念佛、拜佛的這些習慣性，都能讓我們的內心感到平靜、踏實的喜悅，延續我們的法身慧命。因此，鈔經不論是自書或教他人書，都有相當的功德。

於彼法師應修供養，一切所有資身之具，悉皆施與，勿令乏少；如是便蒙諸佛護念，所求願滿，乃至菩提。」

如果能供養藥師佛，修持藥師法門，並供養弘揚藥師法門的法師，供養所有所需的生活資具，不讓他們感到匱乏，這樣就可以得到諸佛的護念與保佑，圓滿所有的祈求，直到成佛。

佛法所以能久傳、能發揚光大，使正法住世、慧命延續，完全是法師的功績。因為有了法師的弘揚，才知道藥師法門的殊勝功德，因而有人發心書寫經典、雕塑佛像、受持讀誦、禮拜供養，乃至於依教奉行，佛、法、僧三寶也得以俱全。供養三寶，應作報恩想、利益眾生想，不但藥師佛歡喜護念，十方諸佛也歡喜護念，使其所求之願，皆能圓滿實現，乃至悟證菩提成佛。

（二）得護持益

我們供養諸佛菩薩、供養三寶，所獲得的是護持的利益，會得到兩種護持，一種來自曼殊室利菩薩，另一種則來自諸天護法。

1. 曼殊護持

爾時，曼殊室利童子白佛言：「世尊！我當誓於像法轉時，以種種方便，令諸淨信善男子、善女人等，得聞世尊藥師琉璃光如來名號，乃至睡中亦以佛名覺悟其耳。

此時曼殊室利童子非常感動地對佛陀發願，他要在像法時期，運用種種方便，讓所有具備清淨信心的善男信女，都可以聽聞藥師佛的名號，甚至即使是在睡夢中，耳朵也能因聽聞佛名而覺悟。

曼殊室利菩薩屬於開發型的特質，能夠主動開發修持藥師法門的人；而諸天則是護持已經修持藥師法門的人。對於還沒有受持藥師法門的人，很可能連藥師佛的名號都沒機會聽聞，所以曼殊室利菩薩的發願是，要讓所有的善男信女，乃至所有一切眾生，都能聽聞到藥師佛名號。

請問四眾弟子，都一定是佛弟子嗎？有很多人明明入了佛門，卻還在門裡門外不斷地徘徊。因此，曼殊室利菩薩發大願，無論有沒有學佛，即使是一個異教徒，也希望他們在睡夢中，有機會聽聞藥師佛名號。

2. 諸天護持

世尊！若於此經受持讀誦，或復為他演說開示；若自書，若教人書；恭敬尊重，以種種花香、塗香、末香、燒香、花鬘、瓔珞、幡蓋、伎樂，而為供養；以五色綵，作囊盛之；掃灑淨處，敷設高座，而用安處。爾時，四大天王與其眷屬，及餘無量百千天眾，皆詣其所，供養守護。

曼殊室利菩薩說，如果有人能信奉修持和讀誦《藥師經》，或為他人演說開示；自己抄寫《藥師經》，或鼓勵別人抄寫；以種種花香、塗香、末香、燒香、花鬘、瓔珞、幡蓋、伎樂，來供養《藥師經》；以五色綵布，做成錦囊來裝盛；在灑掃清淨的場所，鋪敷安設高座，以安置供養《藥師經》經典。這個時候，四大天王和他的眷屬，以及其他無量百千的天眾，都會來此供養守護。

我們不但可以自己受持讀誦《藥師經》，也可以為他人演說讀誦。有位居士說他母親不是正信的佛教徒，只因有神明告訴她說：「你要持藥師佛的名號。」她就很虔誠地不斷修藥師佛的名號。雖然他母親的學佛因緣不是從佛教而來，但是至少也已經踏上修持藥師法門的修行道路了。他問我自己能否幫母親解說《藥師經》的內容，我讚歎他說：「當然可以，這真的是盡大孝啊！」

當你在為他人講說經典時，必經過深刻地思惟，對經文的印象會更深刻，所以不只造福他人，自己更是受用。我們常說布施有三種：財施、法施、無畏施，法施不是只有法師能為人說法，在家居士的法施機會更多，可以為我們的至親好友說法，以法供養。

但是為人演說開示有一個前提，自己不能為名聞利養，如果是為了提昇自己的身分地位而宣說，那並不是真正地宣說佛法。如果是單純為了自己的至親或有眾生有需求，那就應該發心解說。解說的方式要看對象調整，如果是為老人或病人說法，需要解釋得淺顯易懂，不要變成負擔和壓力，讓人愈聽不懂就愈緊張，那就不好了。我們要用非常淺顯易懂的方式來解說，讓人能自然地歡喜接受，並且生起信仰心。

我們對自己所修持的法門，要具有大信心。有位居士幾十年來不斷地持修藥師佛名號，問我當他往生的時候，應該持誦什麼經典？我建議他還是持誦《藥師經》，因為他已經非常熟悉了。一般來說，臨終關懷通常都是持誦《阿彌陀經》或《地藏經》，但是如果往生者生前專門修持《藥師經》或其他經典，甚至是希望乘願再來人間，還是尊重他生前的修持為佳。

《藥師經》雖然著重在現世樂，常是為了消災解厄和增福延壽而持誦，但其實往生一樣可以念誦《藥師經》。經中也提到如果能持誦藥師佛佛名，往生時會有八大菩薩來迎接，至於去東方淨土或西方淨土，會尊重持奉的人本身意願。因此，想往生西方，持誦《藥師經》也能滿願。

因緣法都是相應出來的，善因善緣會帶來福報，所以我們學佛後，應該要更有智慧、更加慈悲。所謂慈悲，是放下自我而為對方著想，並非堅持自己的作法才是為對方好；所謂智慧，是要隨順因緣法，才不會讓我們被束縛而動彈不得，假如變得僵硬頑固，那可就是自找麻煩了！

當我們用心虔誠持誦、抄寫、供養經典，並如法布置法壇，不需要特別商請天人護法，自然能感召四大天王和他們的眷屬、天眾，主動來護持修法者和道場。四大天王又稱四大金剛，包括東方持國天王、南方增長天王、西方廣目天王、北方多聞天王，他們和天眾都有共同的共識，都是來向藥師佛學習，所以會一起護持藥師法門。

世尊！若此經寶流行之處，有能受持，以彼世尊藥師琉璃光如來本願功德，及聞名號，當知是處無復橫死；亦復不為諸惡鬼神奪其精氣；設已奪者，還得如故，身心安樂。」

曼殊室利菩薩對佛陀說，我誓願護持《藥師經》的修持者，經寶所流通的地方，只要有能受持者，依著藥師佛的本願功德和聽聞佛名，此地將不會發生意外死亡，也不會有惡鬼邪神奪人精氣。假如有人不幸被奪取了，還能還原如初，保持身心平安康樂。

為什麼《藥師經》流通的地方，就不會發生橫死呢？這是因為藥師佛在行菩薩道時，所發的本願功德關係。有些人的體質敏感，容易發生被鬼附身之類的困擾，造成精神異常。如果修持藥師法門，就有機會恢復正常，過著正常人的幸福生活。因為除了能受藥師佛的願力加被，還能得到曼殊室利菩薩及諸天眾的共同保護，自然不會被惡鬼神所迫害。如果我們心地光明，思想行為純潔嚴正，自然一切邪魔鬼神，因為不相應故，不敢接近我們，干擾我們。

（三）受持儀軌

佛告曼殊室利：「如是！如是！如汝所說。曼殊室利！若有淨信善男子善女人等，欲供養彼世尊藥師琉璃光如來者，應先造立彼佛形像，敷清淨座而安處之；散種種花，燒種種香，以種種幢幡莊嚴其處；七日七夜，受八分齋戒，食清淨食，澡浴香潔，著清淨衣，應生無垢濁心，無怒害心，於一切有情，起利益安樂，慈、悲、喜、捨，平等之心，鼓樂歌讚，右繞佛像。復應念彼如來本願功德，讀誦此經，思惟其義，演說開示。

佛陀告訴曼殊室利菩薩說：「是的！是的！就如同你所說的。」接著告訴他如何受持才能如法感應佛力，所以詳細再加以說明如何修持藥師法門的儀軌，以了解實際的修法。

如果有清淨信仰的善男信女，想要供養藥師佛，首先要造立藥師佛的形像，並敷設清淨高座而安放佛像七尊，均為藥師佛像。要於像前散種種的鮮花，燒種種的妙香，以種種的幢幡來莊嚴壇場。而且行者要受持七日七夜的八關齋戒，這是對未受戒或者僅受五戒的在家信眾，僅食用清淨的早齋及午齋，且過午不食，並澡浴香潔，穿著清潔的衣服，參加藥師法會，保持清淨無煩惱的心，沒有怒害的心念。對於所有的有情眾生起慈濟、利樂的祝福心，希望他們得到利益和安樂，充滿慈、悲、喜、捨的四種無量平等心。身心都修治清淨後，接著鼓樂歌讚，梵唄唱誦藥師佛圓滿功德，然後順時針地右繞佛像，表示尊敬、憶念彼藥師佛的本願功德，除念誦《藥師經》，並用心思惟甚深經義，為他人演說開示法義。

我們修持藥師法門，只做到外在的供養是不夠的，最重要的還是要調整自己的心，如無垢濁心、無怒害心、四無量心等。我們的心不可能一參加藥師法會後，就自動清淨了，還是要靠自己努力修行去調整，這樣才是真正受持藥師法門。

如何調整自己的心呢？除了理解《藥師經》的思想觀念，還要理解藥師佛行菩薩道時所發的本願功德，學習《藥師經》的關鍵重點，就是在學藥師佛的本願功德心。因此，不只要誦經，還要解經，甚至還要行經，也就是在生活裡實踐經典義理。

（四）受持效益

前面介紹的是供養的效益，可得曼殊室利菩薩和諸天的護持，接著介紹的是受持的效益，包括獲福益和免難益。

1.獲福益

隨所樂求，一切皆遂：求長壽得長壽，求富饒得富饒，求官位得官位，求男女得男女。

透過修持藥師法門，可以得到四種利益：長壽、富饒、官位、男女，也是世俗所追求的福、祿、壽、喜。當然，祈願的內容還是要如法如律，不可以胡思亂想。所謂的如法如律、與法相應的願，是指不過度貪求物質生活條件，是為了有能力依法上修行，必須飲食無缺，沒有後顧之憂，所以才向藥師佛祈求讓我們能夠心想事成。

由此可知，《藥師經》照顧的層次，其實不只在於世俗，而在世俗的基礎上行菩薩道。比如利用長壽，多做饒益眾生、建立功德的事業。利用富饒的經濟能力，救濟孤貧，廣作文化慈善公益。利用官位權力，革新社會、改善民生、利益社會人群；乃至利用政治力量，護持三寶，發揚佛教精神，促進政治的健全，學習轉輪聖王的德行。若有兒女，能施以良好的教育，為社會國家造就健全的公民和有用的人才。

我們對於長壽、富饒、官位、男女這四件事，應該還要有更深一層的看法。所謂的長壽，終究還是有生命長度的限制，能夠活到九十、一百歲，壽終正寢，也該感到滿足了。活得再久，畢竟免不了一死，應該要更進一步學習體證法身慧命的無量壽佛，才是真正可貴的。

我們追求財富的富饒，不應該只是物質上的富饒，還要具備功德法財，才是真正的富饒。論富饒，《法華經》說佛為大富長者，具有無邊的法財，受用不盡；菩薩有無量的本願功德，累積功德法財，才能轉為福報因緣。如果只是追求世間法的物質享受，求了半天，最終一口氣上不來時，全都帶不走，「萬般帶不去，唯有業隨身」。但是功德法財則可以隨著生生不已的生命之流，在生命流轉中發揮巨大的影響。

所謂的「求官位得官位」，所指的不應該只是世間的功成名就，而是要登上真正最高的法王位，也就是「成佛」。我們不要虛擲一生時光，去追求世間的名聞利養，追求不可靠的短暫名分地位。我們應該要行菩薩道，在菩薩道上不斷地提昇修行的果位。

很多人希求子嗣，盼望生男育女而誦持《藥師經》，其實無論誦〈普門品〉或《地藏經》，可以幫助人獲得端正聰慧的孩子，這些都是靠福報因緣所得。然而，佛法所謂的男女，是以善心誠實為男子，以柔和忍辱為女人，也就是說不是只注意生兒育女的問題，而是我們自己本身，也要更能夠具備誠實與忍辱的德行，這是非常重要的，與我們的修行有很深切的關係。當我們轉化了習性，具有足夠的柔軟度就等於是「女」，而具有精進勇猛的力量就是「男」，同時既有男子的氣魄，也有女子的氣質，這樣更是求男女得男女。

為什麼修持經典，不只誦經，還要思惟義理呢？思惟佛經的深層義理，能幫助我們從短淺的現實層面，進入更深刻的修行層面，讓生命可以更源遠流長，隨著生生不已的生命流轉，累積無數的功德法財，這種修養才是最為重要的。總之，要以證得法身慧命、具備功德法財、登法王位，以及具有誠實與忍辱的德性為願望，這才是藥師法門的最高境界。

2.免難益

得到獲福的四種受持利益後，我們修持藥師法門，還能夠免除什麼災難呢？可以免除遇到百怪、怖畏、內亂外患、毀犯墮落、女人生產的各種災難，從中可看出藥師法門如何方便善巧地度化我們這些眾生，讓我們能夠很實際地得到平安吉祥的現生之樂。

(1)百怪出現難

若復有人，忽得惡夢，見諸惡相，或怪鳥來集，或於住處，百怪出現；此人若以眾妙資具，恭敬供養彼世尊藥師琉璃光如來者，惡夢惡相，諸不吉祥，皆悉隱沒，不能為患。

關於災難，中國傳統文化認為從夢境就可得知生活吉凶徵兆，找到趨吉避凶的方法。《藥師經》提到的各種災難，第一種就是惡夢所見的各種不祥預兆。

假如有人晚上做惡夢，看到許多不祥的凶惡徵兆，或是看到怪鳥聚集，或是在住處發現許多奇奇怪怪的現象。這個人只要準備各種美好的物品，恭敬供養藥師佛，此人所有不吉祥的惡夢、惡相，全部都會消失不見，無法為患作怪，成為禍患。

關於怪鳥的說法，每個國家民族都有不同說法，比如中國人討厭烏鴉，認為烏鴉不吉祥；日本人則非常喜歡烏鴉，一早聽到烏鴉呱呱呱叫，就感到開心。因此，烏鴉最好投生到日本，不要到中國來。世間吉凶現象都是相對顯現出來的，並不是絕對的。

所謂的怪象，就是平常沒有這樣的情況，平時不會看見這些鳥飛來聚集，怎麼突然間就來了一堆呢？我們的住處又會發生什麼百怪現象呢？比如房屋突然發出巨響，或是器皿會忽然間自己破裂，或者半夜不知從哪裡冒出來一些怪聲音，讓人感到恐怖的種種現象，從來沒發生過，卻在突然間發生，讓人產生不幸的預感。這時候該怎麼辦呢？

害怕不能解決問題，遭遇異相現前時，可以想想無畏施，讓自己能夠有勇氣面對險境的挑戰。憶念藥師佛聖號，不僅可以對自己施無畏，也可以對他人施無畏，甚至對於怕鬼的人，還可以用慈悲心當作對鬼神的施無畏。對心不安定的人來說，念佛持咒不該以驅邪趕鬼的心態，而是倚仗佛菩薩慈悲願力度化眾生，使眾生皆得蒙受佛法利益，往生善道，早成佛道。如此一來，又有何事可怕呢？而當發現種種不吉祥的徵兆，可以在惡因惡緣沒有成熟前，趕快投入善因善緣，打破惡因惡緣的會合，讓罪障不要形成，便能及時阻止業障的現前。此時可以借助藥師佛的本願功德力來化解凶兆，免除百怪出現的災難。

(2) 一切怖畏難

或有水、火、刀、毒、懸險、惡象、師子、虎、狼、熊、羆、毒蛇、惡蠍、蜈蚣、蚰蜒、蚊、虻等怖；若能至心憶念彼佛，恭敬供養，一切怖畏皆得解脫。

第二種災難是一切怖畏難，遇到水災，泛濫成災，漂沒生命。火災，有時火勢蔓延整大片森林，燒死多少生靈，或者一燒幾棟屋舍，家毀人亡。刀災，即戰亂時的一切災害。毒是遭毒藥所害。懸險是走上懸崖絕壁，失足掉落。惡象是暴戾的大象，見人就蹈踏。此外，還有惡獅、猛虎、凶狼、犬熊、人羆等最凶猛的野獸。另有令人中毒致命或發腫發痛的毒蛇、惡蠍、蜈蚣和蚰蜒。蚰蜒與蜈蚣同類，毒液滲入皮膚，立即起泡，發痛發癢。蚊、虻咬人發癢，嚴重者恐怖而威脅生命。如果能至心憶念藥師佛，虔誠地恭敬供養，便可以擺脫所有的恐懼害怕。

一切怖畏難，可能是水災、火災和刀災的戰爭，以及猛獸襲擊和毒蟲等帶來的危險。現代的怖畏難，則變得更加複雜，以前的戰爭是刀光閃閃，現代的化學毒氣和炸彈殺傷力都非常驚人。以前是看得見的毒蛇、猛獸等怖畏難，現代卻是肉眼看不見的全球疫情的怖畏難，世風日下，人心不古，以前人面對的是野生野獸，現在面對的可能是人面獸心，各種社會詐騙讓人防不勝防。但是主要還是一心憶念藥師佛和恭敬供養，讓我們內心充滿善的因緣業力，宿業一天天消損，慈悲心一天天增長，一切惡獸毒蟲乃至全球疫情的傷害，自然會漸漸減少，因為與惡因緣業力不相應故，也就能解脫怖畏苦難。

從前我們在法源禪林時，因為是由山上樹林中所開發出來的地方，在戶外禪修時，很怕出現無足、多足的眾生，心裡會感到恐怖。蛇是無足的眾生，蜈蚣是多足的眾生，在山裡最害怕的就是接觸這些眾生。因此，我們會藉著結夏安居，每天晚上誦持一部南傳的經典：《蘊護經》。關於《蘊護經》的由來，是因為在佛陀時代曾經有人被蛇咬死了，佛陀說原因在於沒有迴向給這些無足多足的眾生。所以我們每天晚上就這樣誦經迴向，蛇等眾生就真的少到幾乎看不到，讓人覺得不可思議。因為這些眾生都有領導者，比方說猴群裡有猴王，團體裡很自然就會產生領導者，當我們迴向給這些眾生，領導者就會帶著牠們離開，實在很有意思。

(3)內亂外患難

若他國侵擾，盜賊反亂；憶念恭敬彼如來者，亦皆解脫。

第三種災難是內亂外患的災難。他國侵擾是外患，盜賊反亂是內亂，其實內亂還包括國內政黨惡鬥、疫情影響民生經濟等。

當內憂外患齊來時，造成國家不安定，社會不安寧，該怎麼辦呢？國難是大家共惡業所感，並非個人或少數人的事，但是每個人的別業，透過每個人努力修行善業，將可以改變惡因緣業力。因此，要集合更多的人，有此共識，願意發心憶念恭敬藥師佛，共修藥師法門：稱念佛號、恭敬禮拜、發願懺悔，這樣才能從重轉輕，由輕化無，相應於藥師佛的大功德願力，還是能滅除國難。

太虛大師之所以倡導誦持《藥師經》的法會，正是因為當時國家面臨內憂外患，動盪不安。遇到這種狀況，就可透過《藥師經》、藥師法會來免除內憂外患的困難。根本上來說，國家還是要多結善緣，百姓要多起善念，自然就能轉危為安。

(4) 毀犯墮落難

復次，曼殊室利！若有淨信善男子、善女人等，乃至盡形不事餘天，唯當一心歸佛、法、僧，受持禁戒，若五戒、十戒、菩薩四百戒、苾芻二百五十戒、苾芻尼五百戒，於所受中或有毀犯，怖墮惡趣，若能專念彼佛名號，恭敬供養者，必定不受三惡趣生。

第四種災難是毀犯墮落的災難，主要是因為毀犯戒律而墮落惡道的災難。佛陀告訴曼殊室利菩薩，如果有清淨信心的善男信女，從皈依三寶時起，直到壽終都不事奉天魔外道，一心一意皈依佛、法、僧三寶。要盡形壽的皈依三寶，信心才有著實的歸宿。信心深層養成，才會落實於受持戒律，如五戒、十戒、菩薩戒四百條、比丘戒二百五十條、比丘尼戒五百條，假如有所毀犯戒律，害怕墮落三惡道，可以專心稱念藥師佛的佛名，並且恭敬供養，一定不會受生於三惡道中。

所謂的「盡形壽」，就是在有生之年的這一輩子壽命；「不事餘天」，就是不再事奉天魔外道。雖然我們已經皈依三寶成為佛弟子，但是如果有因緣去到廟裡，還是要很恭敬地向神明打一聲招呼，不要鄙視神道，我們只是不再向鬼神發願提出祈求，不再跟他們談條件，例如讓我度過了困難，我就如何來還願。一般民間信仰，難免會用這個方式，但是正信的佛弟子就不再如此事奉餘天了，就算遇到再多的困難，也不會去求神問卜了。因為希望自己是一個正信的佛弟子，遇到困難的時候，可以透過思惟佛法，學習諸佛菩薩的智慧與慈悲，接受業障也是困難的考驗，而願意修正自己，改善因緣，這才是解決問題的根本所在。

佛教的戒律，可分為在家戒和出家戒，以居士的在家戒來說，五戒和菩薩戒通在家、出家，居士還可以加受八關齋戒。八關齋戒有八條戒加齋戒——過午不食，經文此處所說的十戒，指的是沙彌、沙彌尼十戒，也就是出家戒，也就是八關齋戒加不捉持金銀戒，因此八關齋戒又稱近住戒，非常接近出家戒，只差了一戒而已。比丘戒有二百五十條，比丘尼戒有五百條，實際上僅有三百四十八條戒。這些都屬於攝律儀戒，是可以一條條數出來的戒律。受持淨戒的人，無論是受出家戒或在家戒，都難免害怕自己因有所毀犯，死後會墮落三惡道。如果能專心地持念藥師佛名號，並恭敬供養藥師佛的話，加上謹慎守戒，必定不會受三惡趣生。

很多人急著往生西方淨土，就是因為怕墮入三惡道，所以不敢再來人間。但是不應該只是為了擔憂墮入三惡道，而求生西方淨土。所謂的淨土法門，不只是求往生淨土，更重要的是莊嚴淨土，也就是在往生淨土前，更需要努力於莊嚴淨土。

如果我們能用虔誠心、恭敬心修持藥師法門，或持誦諸佛菩薩名號，並深入理解佛法，行菩薩道，就不會糊里糊塗墮落三惡道。縱然真的因為過去宿世種了惡因緣，而墮入三惡道，佛菩薩也會馬上把我們救拔出去，不只地藏菩薩會救拔地獄的眾生，藥師佛也在救拔畜生道、餓鬼道的眾生。但是，我們也必須自己努力種下佛菩薩名號的種子，才能夠與佛菩薩的願力相應。

(5) 女人生產難

或有女人，臨當產時，受於極苦，若能至心稱名，禮讚恭敬供養彼如來者，眾苦皆除。所生之子，身分具足，形色端正，見者歡喜，利根聰明，安隱少病，無有非人奪其精氣。」

如果有女人在生產分娩時，受到劇烈的痛苦，若能夠一心稱念藥師佛的名號，並且禮讚、恭敬供養，所有的痛苦就會得到解除。所生的孩子，不但四肢五官健全，而且相貌端正，人見人愛，聰明智慧，健康少病，沒有妖魔鬼怪等非人奪走他的生命元氣。

過去醫學不發達，女人生產就像走了一趟鬼門關，是冒著生命危險在生孩子。如果能稱念佛名，不但心裡感到平安，還能得到藥師佛的護佑，保佑孩子各種生長條件都健康完備，成為廣結善緣的孩子，大家見了都喜歡他。安隱少病，就是孩子會很容易養大，不必擔心身體多病或課業落後，或有鬼神附身奪取精氣，或遭人暗算等，不需要特別照料，就能平平安安長大成人。原因在於孩子是承著對藥師佛恭敬供養的善因善緣而來的，福報因緣自然也會特別大。這樣的孩子宿世就是修行人，因為和藥師佛結了很深的善因緣，所以父母和子女之間的緣分會非常好。求子或懷孕生產的人，除了持誦〈普門品〉、《地藏經》，其實誦持《藥師經》也是非常好的選擇，可以免除女人生產的種種困難。

四、德行叵思

德行叵思，是指藥師佛功德、願行的不可思議，令人難信難解，為什麼不可思議呢？就因為不僅信解難得，還有功德的無盡。關於信解難得的部分，因為生信起解，實在難得，又分為三：一是透過佛陀和阿難尊者之間的問答決定、二是信謗得失、三是信解希有。

為何上文的當機者是曼殊室利菩薩，而現在卻換為阿難尊者？要知道曼殊室利菩薩是菩薩中的智慧第一者，對於佛陀的功德妙行，無所不信解。阿難是聲聞中的多聞第一者，佛陀所說法都能憶持而不忘，是結集經典的重要人物。佛陀問阿難是否能信解藥師法門，阿難非常懇切清楚地回說，他對藥師法門充滿信解，沒有任何疑惑，這是非常難能可貴的。而透過問答，也讓我們了解謗法會產生什麼過失。

佛陀的結語認為，信解是非常希有難得可貴，既然我們都已擁有修學藥師法門的條件，就看自己如何把握這樣無邊的福德因緣。

雖然藥師佛的功德無盡、願力無邊，我們還是必須展開修行，隨著藥師佛發願、行願，才能夠學佛成佛。

（一）問答決定

爾時，世尊告阿難言：「如我稱揚彼世尊藥師琉璃光如來所有功德，此是諸佛甚深行處，難可解了，汝為信否？」

此時，佛陀問阿難尊者，如同我稱讚藥師佛所有的圓滿功德，這是十方諸佛最高深的境界，是很難了解的，你是否能確信與理解呢？

阿難尊者是佛陀身邊的侍者，佛陀涅槃後，經典結集由阿難誦出，所以他要一一記誦、持誦所有的經典。而佛陀在世時，也經常地反問阿難。為什麼諸佛菩薩能有極甚深行處呢？這是因為佛能理解甚深法義。我們談論法相時，經常落在表相上，沒有深入法性。

如同〈開經偈〉所講的：「無上甚深微妙法，百千萬劫難遭遇；我今見聞得受持，願解如來真實義。」藥師佛的功德是非常深徹的微妙法義，是諸佛菩薩修行的甚深行處，要透過對法的深切了解，在行持上才可能行持地深切，能讓人度過輪迴轉世的隔陰之迷，累積世世常行菩薩道的福報因緣及智慧資糧。

阿難白言：「大德世尊！我於如來所說契經，不生疑惑；所以者何？一切如來身語意業，無不清淨。世尊！此日月輪，可令墮落；妙高山王，可使傾動，諸佛所言，無有異也。

阿難尊者回答佛陀，表示他對於佛陀所說的一切經典，沒有任何的疑惑。為什麼沒有疑惑呢？因為所有佛陀的身業、口業、意業，沒有不清淨的。就算可以讓天上的太陽和月亮墜落，也可以讓須彌山動搖，但是諸佛所說的話，真是真實不虛，是不會變異的。

所謂的契經，是上契諸佛所說之理，下契眾生可度之機。阿難因為能深入法性的關係，所以毫不懷疑佛所說的法。我們有時對法會心生懷疑，那是因為還停留在法相上。比方說我們非常用功，經常禮佛、誦經、拜懺，為什麼災厄還是照樣會來，並且常遇到逆境呢？說實在的，這些災厄和逆境都是表相上的事，若是不知道因緣果報、生命的流轉的來龍去脈，光用肉眼看表相是無法明白，如果我們不夠深入因緣的法性空慧，難免就容易退失道心。

因此，阿難以日月和須彌山為喻，太陽與月亮運轉的表象，看起來是會升高也會低沉，即使是高大的須彌山，也可能因為地震而崩塌陷落，但是這些變化都是表面的現象，是無常的自然現象，不需要緊張。然而，諸佛所說的佛法，是屬於第一義諦的真實義，是最微妙的真理法則，是不可變異的。就如《佛遺教經》說：「月可令熱，日可令冷，佛說四諦，不可令異。」世間任何現象都是可變可壞的，唯有真理法則、真理現象是諸法實相，是不容許有任何異動，也是無法破壞的。

我們雖是尚未證悟的凡夫，但是也要朝著不生疑惑來努力，如此才能信解佛陀所說的真理法則。成佛要經歷三大阿僧祇劫的修行過程，菩薩在此過程中，可以像聲聞乘一樣證果解脫，但是因為悲憫眾生仍在生死苦海中輪迴不已，而自己不證果，證果就自我生死解脫，遠離眾生，遠離眾生就不名為菩薩，因此菩薩選擇以「忍位」來為眾生持續於生死流轉中修行。忍位的這個「忍」，不是忍耐的忍，而是對佛法的法性空慧確認無疑，悟解確認三種法，稱為三法忍：音響忍、柔順忍、無生法忍。

1. 音響忍

首先要透過「音響忍」來學習，聽聞正法就是音響忍，是指仔細確認音聲內容，也要有相當的善根因緣，心才能夠安定下來，將佛法點點滴滴聽進去。聽經聞法是透過音聲來學佛，我們眾生的耳根最利，最容易吸收學習。很多的道理可能看書看不懂，但是經過口頭方式解釋的話，就比較容易聽得懂。因此，我們透過語言、文字、音聲，來幫助我們理解經典甚深法義。

2.柔順忍

當我們學習音響忍後，對佛法確認無疑，才可能產生柔順忍。我們要確認緣起性空的因緣法無疑，明白世間一切不過只是緣生緣滅的無常現象而已，因緣不具有單一性、不變性、主宰性的自性，這自性是妄執出來的，稱為自性妄執。當我們把自己的主宰意欲調伏下來以後，性格就會柔順下來，因緣如同水一般，水無有定相，沒有固定的形狀，水入什麼容器，就呈現什麼形狀。因緣也是無有定法，菩薩也是一樣，遇到眾生，需要什麼因緣果報才能得度者，菩薩就現什麼因緣果報來度化眾生，完全沒有自我的懸念與執著。

例如身為一家之長，想要讓家庭美滿和樂，不能使用強硬的手段命令或強迫家人，那是行不通的，反而是自己要放下身段，隨順家人的立場，自己沒有預設立場，才能讓家人關係和諧起來，家庭才能夠和樂。並不是自己一個人想和樂，全家人都必須跟著和樂，團體也是如此。當我們執著不放，自以為是，認為只有自己對，別人都不對，這就會讓我們變得很剛強，難以柔順忍。我們要先認清自己的自性妄執，調伏自性妄執，才能放下自性妄執，達於柔順忍。

3. 無生法忍

聖賢菩薩從初地到七地圓滿，第七識的雜染轉為清淨，證得無生，能夠解脫生死，脫離了父母生身與分段生死身的束縛，但發願為眾生而法忍，留惑潤生，為眾生而保持生死身，故稱無生法忍，八地以上的菩薩摩訶薩，一直到十地圓滿而成佛。他們為了度化眾生而保持變易生死身，可以隨處祈求隨處現，能夠分身無數億，例如大行普賢菩薩、大智文殊師利菩薩等。

阿難尊者對佛法的信解不疑，也是如此。雖然阿難是聲聞眾比丘，但是他展現菩薩的慈悲心。比如佛陀的姨母帶領著一群王宮女眾，風塵僕僕尋找佛陀，希望能隨佛陀出家。原本佛陀是不答應女眾出家的，但是經過阿難的懇求，才終於獲得許可。阿難對於佛陀所言的這一切，沒有任何一絲一毫的疑惑，這是他對佛法的法性的深度確認，這便是難得的信解。

（二）信謗德失

世尊！有諸眾生，信根不具，聞說諸佛甚深行處，作是思惟：云何但念藥師琉璃光如來一佛名號，便獲爾所功德勝利？由此不信，返生誹謗；彼於長夜，失大利樂，墮諸惡趣，流轉無窮。」佛告阿難：「是諸有情，若聞世尊藥師琉璃光如來名號，至心受持，不生疑惑，墮惡趣者，無有是處。

阿難尊者接著告訴佛陀說，有的眾生信根不穩固，聽聞了諸佛的甚深行處，反而會想：「為什麼說只要一聽聞藥師佛的名號，就可以得到如此多的微妙功德和殊勝利益呢？」因此懷疑而不相信，反而誹謗佛法，結果他們便長長久久失去了很大的利樂，墮落到惡道，流轉生死，永無止盡。

佛陀聽後說，像這樣的眾生如果能夠聽聞到藥師佛的名號，而起淨信，虔誠心受持憶念佛號，心中不起任何的疑惑，絕對不會發生墮入惡道的事。

信謗德失，是指只要能夠信解，就能修得殊勝功德利益；因為不信，妄生毀謗的話，則有相當大的過失。信根是堅固的信心，如樹生根。修行要有信根和慧根，信根讓人能培養出宗教情操，而慧根則讓我們的法身慧命得以長存。不只信仰佛教需要信根，其他宗教的信徒，也需要具備信根的宗教情操。經文此處便談及如果信根不具足的話，一旦聽聞佛法，反而心生懷疑起惡念而毀謗佛法，不只自己不信，甚至勸他人不要相信。像這樣沒有信根的眾生，如果聽聞藥師佛的名號，只要不生疑惑，就不會墮入惡道。

信根是學佛的重要基礎，雖然佛所說的都是真實語，但有時候是我們自己智慧不足，慈悲不夠，所以難以信解諸佛菩薩所說的一切。這時候我們要相信佛陀所說的話，先照著去做，這樣才有機會累積善根福德和智慧資糧，我們逐漸地就會相信佛所說的法。剛開始學佛，即使只是先暫時相信也好，這樣日後才有機會可以深入佛法。

學佛只要不生疑惑，就有機會種植諸佛菩薩的善根種子因緣，所以我們就不會墮到惡道去。因為藥師佛曾發願，只要眾生的內心有藥師佛名號的種子，藥師佛就會與他相應，救拔他離開三惡道。

（三）信解希有

阿難！此是諸佛甚深所行，難可信解；汝今能受，當知皆是如來威力。阿難！一切聲聞、獨覺，及未登地諸菩薩等，皆悉不能如實信解；唯除一生所繫菩薩。阿難！人身難得；於三寶中，信敬尊重，亦難可得；得聞世尊藥師琉璃光如來名號，復難於是。

佛陀對阿難尊者說，藥師法門是諸佛甚深所行的法門，一般眾生難以相信和理解，你現在能信受奉持，都是因為藥師佛大神威力的緣故。所有的聲聞、緣覺，以及未到初地的菩薩們，都不能如實地信奉理解，只有一生補處的菩薩才能信解。能獲得人身，是非常難得的；能虔信、恭敬、尊重三寶，更是非常難得的；而能聽聞藥師佛名號，則更是難能可貴。

為什麼藥師法門只有下一生成佛的補處菩薩，才能夠信解呢？因為聲聞、緣覺的證果聖者著重於涅槃解脫，和菩薩乘法門不相應，而未到初地的菩薩也還是凡夫菩薩，還在十信、十住、十行、十迴向修行階段努力，尚未超凡入聖，只能透過文字揣摩想像成佛的境界而已，無法了解真如佛性，所以無法如實信解。唯有即將成佛的一生補處菩薩，才能如佛陀一樣如實信解。阿難的信，與我們同屬仰信；真正的如實信，就是要親自體證，所以非常不容易。

假如我們願意信解藥師法門，信心能夠持續穩固不動搖嗎？很多人剛開始聽課，會感動藥師佛的行願，發心信奉，但是生活一忙碌，或是課程聽多而雜亂，無法釐清脈絡，就不容易堅定信心，可能改學其他法門了。

雖然我們的信解不容易堅固，但是如果善根足夠的話，還是能堅持下去。我常說：「我很溫和，但我很堅持。」勇猛的堅持可能是一時興起，溫和的堅持才能長久。我們常說勇猛心易發，恆常心難持，就是這樣。因此，我們要精進柔和，恆常信解，這才是真工夫。這種柔和像水一樣，可以隨著海浪漂流，一切都是隨緣盡分的。

我們不需要急於累積功德，想要每天誦幾十遍《藥師經》，寧可每天只誦一遍《藥師經》，但是長期堅持在固定時間做定課。在睡前或起床後，每天持咒十分鐘，或是誦經半小時。每天花費一小時用功可能很困難，如果時間短而長久，就容易堅持下去，鍛鍊出工夫來。

人身難得，佛法難聞，我們有福可以具足種種難上加難的因緣，而得以聽聞和修學藥師法門，千萬不要妄自菲薄，覺得自己沒有修行的能力，只要有緣聽聞就表示非常有善根因緣，要好好地珍惜福報。

(四) 功德無盡

阿難！彼藥師琉璃光如來，無量菩薩行；無量善巧方便；無量廣大願；我若一劫，若一劫餘而廣說者，劫可速盡，彼佛行願，善巧方便，無有盡也！」

佛陀繼續告訴阿難尊者說，藥師佛在過去的無量菩薩行中，以無量的善巧方便救度眾生，發下無量的廣大悲願，我用一劫或超過一劫的時間來廣而宣說，長劫的時間會迅速地消逝耗盡，而藥師佛的行願、善巧方便，卻是用再多的時間都無法說盡。

藥師佛以種種無量的善巧方便幫助我們，聞名憶念能獲得利益，持咒能獲得利益，供養乃至於受持種種修行方法都能獲得利益。藥師佛廣開無窮無盡的慈悲大門，我們聽聞了《藥師經》，一定要取得法財寶藏，切莫空手而回。

〈第四篇〉

消災延壽大醫王

我們常說「南無消災延壽藥師佛」，藥師法門確實主要在介紹如何消災解厄和增福延壽。《藥師經》提到的延命修法，包括救病難以延命、救國難以延命、救眾難以延命三種，修持藥師法門可免除九種意外死亡，並得到藥叉護法守護。

一、延命修法

（一）救病難以延命

爾時，眾中有一菩薩摩訶薩，名曰救脫，即從座起，偏袒一肩，右膝著地，曲躬合掌，而白佛言：「大德世尊！像法轉時，有諸眾生，為種種患之所困厄，長病羸瘦，不能飲食，喉脣乾燥，見諸方暗，死相現前；父母、親屬、朋友、知識，啼泣圍繞。

在眾多的聽眾中，有一位名為救脫的菩薩摩訶薩，他從座中站起，禮敬佛陀。他的請法禮儀，和曼殊室利菩薩一樣，偏袒一肩，右膝著地，曲躬合掌。救脫菩薩在此代佛陀弘揚藥師佛消災延壽法門，顧名思義，即是救拔眾生脫離苦難。

救脫菩薩和曼殊室利菩薩一樣悲心深重，不是為自己請法，也是預見像法時期的眾生善根薄弱，業障深重，受種種病苦，而主動說出種種延命的方法。救脫菩薩向佛陀描述重病臨終的景象，當像法轉時，有許多眾生為病患所困厄，長期重病臥床，身體羸瘦如柴，無法飲食，喉脣乾燥，眼中所見盡是諸方一片黑暗，死相迫在眉睫。父母和親朋好友們，看到患者病勢沉重，即將面臨生離死別，都圍繞在床前，涕淚縱橫，面對死相現前，也是束手無策。

人的鼻根與舌根其實是很脆弱的，有人鼻根生病，卻仍然可以生活得好好的，當人重病時乃至臨終前，舌根很容易衰敗，喉嚨非常乾消難受，以致於沒有胃口，無法進食。接著由於眼根也損壞了，所以眼識看不到景物，見不到光亮，只能看到十方皆是黑色的暗相。

如果我們可以進入初禪的狀態，會呈現「禪悅為食」的法喜。五識中鼻、舌兩識先不起作用，僅餘眼、耳、身三識，由此也可見鼻、舌二識確實是比較脆弱的。我們卻在有限的有生之年，像美食主義者為了貪求鼻、舌兩識的香境與味境，不惜殺生無數而廣結惡緣，經過三寸舌根後，最後出來的卻都只是糞尿而已，實在划不來。

然彼自身，臥在本處，見琰魔使，引其神識，至於琰魔法王之前；然諸有情，有俱生神，隨其所作，若罪若福，皆具書之，盡持授與琰魔法王。爾時，彼王推問其人，算計所作，隨其罪福而處斷之。

當人臨終時的死相現前時，會出現什麼狀況呢？病人本身躺臥在病榻上，眼見閻羅王的差役，前來鉤取他的神識，要把他帶到閻羅王的面前，聽候審判。這時會有俱生神跟隨在旁，將他一生的所作所為，善惡行為的完整紀錄送交給閻羅王。此時，閻羅王會推問他，並計算清點他的一生行為功過，依他所累積的罪福，做出最後的處置判決。

臨終者由於前六識的能力慢慢地衰敗，第七、八識的能力會活躍起來，這時候受報的就是神識，也就是第八識。雖然人躺在床上動彈不得，但是第八識好像看到

八識

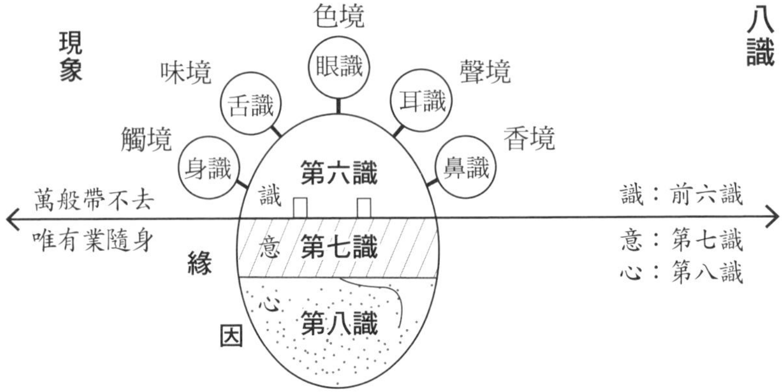

閻羅王的差役，引領他的神識前往他方，這即是第八識受到業力因緣的牽引。

「生生不已的生命之流」是如何相續運作的呢？活著的時候，前六識和六根如同電器用品，插頭是第七識末那識，電源是第八識阿賴耶識，插頭接上電源時，源源不絕的電源會讓前六識和六根充滿生命活力。然而，當死去的那一刻，就如插頭脫落，電器斷電，前六識和六根完全無法通電運作，便如同廢鐵，失去生命現象，第七、八兩識活躍起來，結算第七識紀錄的善、惡緣，以及第八識紀錄的善、惡因。

再經過約四十九天的中陰時期的加減乘除，獲得前世「無明」與「行」的結果後，先引業到三善道或者三惡道中的某一道，決定某道後，

生生不已的生命之流相續運作

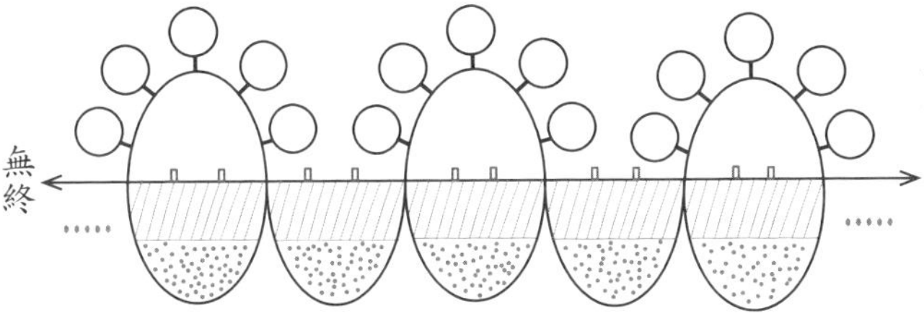

才決定因緣福報的滿業，於是第七識帶著第八識去投胎轉世，第七、八兩識又連接在下一世父精母血的物質上，因為有這個入母胎的第七、八「識」去投胎，開始具有生命力，稱為「名色」，然後在母胎中孕育六根，稱「六入」，當六根長全出胎時，於是六根、六境、六識三者和合相「觸」，展開今生的根身、器界的因緣業力之旅。「受」後產生「愛與取」的惑，繼續「有」支的造作業力，又種下來世的「生」與「老死」的因緣果報。從無始劫的過去世，來到今生，繼而邁向無盡的未來世，就這樣形成「生生不已的生命之流」，輪迴生死不已。

「琰魔法王」是閻羅王，生命垂危的病人，雖然身體的感官在敗壞，卻會感受到閻羅王的差

意識相應觸是轉凡成聖修行關鍵

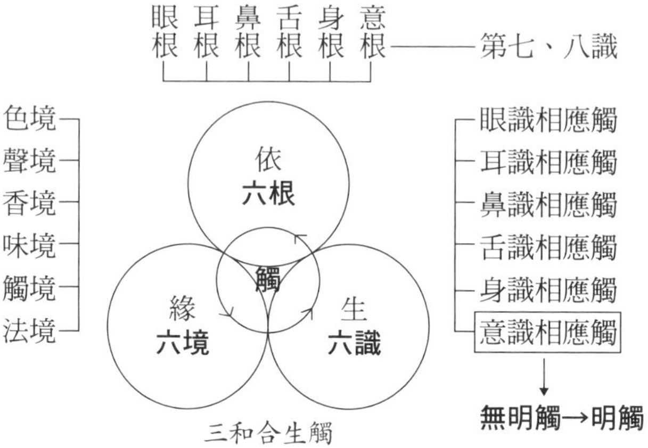

役來找他，要引他的神識到閻羅王面前接受審判，其實那是我們的第七、八兩識在不斷地變化。「俱生神」正是我們俱生的第八識，但含藏著第七識在內，簡單說是第八阿賴耶識，詳細說則為第七、八兩識。雖然《藥師經》不是從唯識角度來介紹佛法，但是仍可由此來做解釋。

所謂的俱生神，也就是第八阿賴耶識（後面稱閻羅王），主導著我們一起流轉生死，惡因惡緣成熟時就會形成我們的罪業，善因善緣成熟時就會形成我們的福報，形成罪業與福報已經是果報體，形成前的過程中，都會以因緣的方式被完整記錄，這就是「若罪若福，皆具書之」。「具」是完全，

十二因緣生命的流轉

此有故彼有，此生故彼生

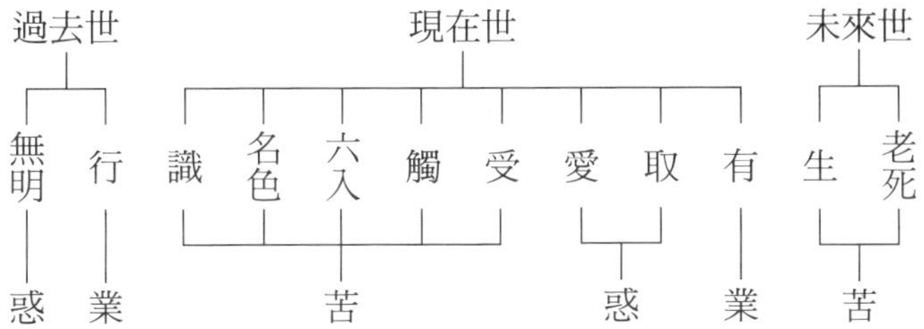

「書」是紀錄的意思，罪與福的因緣都會紀錄在第八阿賴耶識，也就是經文所說的因緣紀錄交給閻羅王，「盡持授與琰魔法王」，然後隨著業力因緣的最後結果去投胎轉世。

閻羅王在此只是一個比喻，並非真有閻羅王在審問人，神識受報其實是自然的運作。這就好比是在化學實驗室做實驗，將各種化學原料投入儀器設備中，經過不同的反應作用，最後成為新的化合物。如同人的善念和惡念不停地在變化，狀況很複雜，所以人的中陰時期才需要變化四十九天左右，最後才能夠決定投生到哪裡，這並非是由閻羅王來決定，而是在比喻說明受報的狀況。

當千愁萬苦，不知道往生哪裡去，這時候該怎麼辦呢？家屬及親友可以為他修造「續命幡燈」。

時彼病人親屬、知識，若能為彼歸依世尊藥師琉璃光如來，請諸眾僧，轉讀此經，然七層之燈，懸五色續命神旛，或有是處，彼識得還。

如果病人身邊哭泣的親屬師長，可以幫他皈依藥師佛的話，並且禮請很多出家法師轉讀本經，也就是要佛、法、僧三寶具足，接著燃七層之燈和懸五色續命神旛，那麼病人的神識就有可能回來。換句話說，原本第八阿賴耶識將要脫離，一旦脫離就會死亡，神識就隨業去受報了，因為幫他皈依佛、法、僧三寶，並燃七層的油燈，懸五色的彩旛，他就可能意識又回神過來，死裡逃生了。

當然，也有可能是他命不該絕，尚未到壽終正寢時。通常年輕人較有機會延命，因為惡業還未累積多到短命氣絕；如果年紀已經很大，想要一再為他延壽，難度可能就變高了。

有位師姊幾年前收到媽媽的病危通知書時，全家兄弟姊妹都感到心急如焚，師姊剛好想起當天永修精舍將舉行每個月的「藥師懺法會」。她便請家人先去醫院探望媽媽，自己則去參加法會為媽媽祈福消災。師姊在法會結束後來到醫院，竟然看到媽媽精神奕奕地問她：「你是不是替我做了什麼功德？有好幾天我常做夢看到黑白無常要來帶我走，今天還好有位菩薩把我喚醒，不然可能就醒不過來了。」她媽媽知道藥師懺法會的事後，特別要她好好地感謝我。她媽媽說：「我身體疼痛時，只要持誦藥師佛的佛號和〈藥師咒〉，就漸漸地不痛了，真好用呢！」老菩薩目前九十多歲高齡，還相當地健康。

如在夢中，明了自見，或經七日，或二十一日，或三十五日，或四十九日，彼識還時，如從夢覺，皆自憶知善不善業所得果報。由自證見業果報故，乃至命難，亦不造作諸惡之業。

由於第八識非常活躍，病人的神識如在夢中清楚明了所見，如此經過七天、二十一天、三十五天或四十九天，如果病人神識能夠返回，會覺得自己像大夢一場清醒過來，並且可以憶起自己全部的善惡因緣業力果報。由於自己已親證業力因緣果報，所以往後即使生命遭受災難，也不會造作各種惡業。

在日常生活中，由於前六識非常活躍，所以第七、八兩識很難察覺，往往做了一些虧心事不但會隱藏，甚至能面不改色且大言不慚。然而，當生命垂危時，換成第七、八兩識變得非常活躍，被前六識隱藏的事，已經無法再視而不見了，所有第六識的善惡因緣都被第八識記錄，一切都要做交代。

因此，死裡逃生後的人，從此不敢再造惡業，對自己的行為會有較高的自覺力。同時，會明白不能再將人生的成敗，歸罪於父母或他人，自己要對自己的人生負起責任來。

是故，淨信善男子、善女人等，皆應受持藥師琉璃光如來名號，隨力所能，恭敬供養。」

因此，善男信女們都應該要受持藥師琉璃光如來的名號，按照自己的能力，至心恭敬供養藥師琉璃光如來。

此處總結前述的「救病難」延命方法，勉勵人們不論是遇到死相現前，或是重病難癒，或是慶幸能平安無事，都應盡一己能力，用心恭敬供養。

爾時，阿難問救脫菩薩曰：「善男子！應云何恭敬供養彼世尊藥師琉璃光如來？續命幡燈，復云何造？」

此時，阿難尊者請問救脫菩薩說：「善男子，應該如何恭敬供養藥師琉璃光如來呢？續命幡燈，應該如何製造？」意思就是要用什麼儀式來供養藥師佛。

救脫菩薩言：「大德！若有病人，欲脫病苦，當為其人，七日七夜，受持八分齋戒，應以飲食及餘資具，隨力所辦，供養苾芻僧；晝夜六時，禮拜供養彼世尊藥師琉璃光如來；讀誦此經四十九遍；然四十九燈；造彼如來形像七軀，一一像前各置七燈，一一燈量大如車輪，乃至四十九日光明不絕；造五色綵幡，長四十九搩手；應放雜類眾生至四十九；可得過度危厄之難，不為諸橫惡鬼所持。

救脫菩薩回覆阿難尊者，假如有病人想要脫離病苦，家屬親友應當為他連續七日七夜，並受持八關齋戒，並用飲食和其他資具，依著自己的能力來設辦，供養諸比丘僧眾。全天一心一意地禮拜供養藥師佛，讀誦《藥師經》四十九遍，點燃四十九盞燈，並塑造七尊藥師佛的佛像，在每尊佛像前，分別放置七盞明燈，每一盞燈量都要大如車輪，必須在四十九日內，光明不絕。

晝夜六時，就是指一天二十四小時，也就是全天。點燃的四十九盞燈，是指供七層的燈，每一層各有七盞燈，共有四十九盞燈。

修造紅、黃、綠、白、藍五色續命懸幡的方法，則是要造五種顏色的綵幡，長度各為四十九搩手。除此之外，還要放生四十九種眾生。能夠如此，便能度過危險苦厄的災難，而不被各種橫難和惡鬼所操縱。

「搩手」是一種長度單位，印度人習以搩手量物，用手掌來做測量單位。一搩手為張開手指後，從大拇指到中指的長度。五色綵幡要用長的竹竿，將綵幡豎得高高的，在屋外隨風飄拂，如同發出SOS的求救訊號，十二藥叉大將及七千眷屬即刻相應營救；本來惡鬼會奪人精氣，甚至奪命，這與宿世業報有關，但若依照救脫菩薩指點儀軌，便能度過難關。

以上的修法相關畫面，在《藥師經》經變圖中，皆清楚羅列。如果想要拯救個人的病患危難，可以依照如此方式為病人消災延壽。

（二）救國難以延命

復次，阿難！若剎帝利灌頂王等，災難起時，所謂人眾疾疫難，他國侵逼難，自界叛逆難，星宿變怪難，日月薄蝕難，非時風雨難，過時不雨難。彼剎帝利灌頂王等，爾時應於一切有情起慈悲心，赦諸繫閉；依前所說供養之法，供養彼世尊藥師琉璃光如來。由此善根，及彼如來本願力故，令其國界即得安隱：風雨順時，穀稼成熟；一切有情無病歡樂；於其國中，無有暴惡藥叉等神惱有情者；一切惡相，皆悉隱沒；而剎帝利灌頂王等，壽命色力，無病自在皆得增益。

在談完解救個人病難的方法後，救脫菩薩接著介紹解救國難的方法。面對內憂外患，國家社會不安定，甚至發生危難時，該如何救度呢？

救脫菩薩告訴阿難尊者，如果王族、武士、登基的國王等世間君王在災難發生時，面對國家百姓疾疫的災難、敵國侵略逼害的災難、國內叛變的災難、星宿怪象的災難、日蝕和月蝕的災難、風雨不調的災難、乾旱無雨等的災難，處處鬧水災、農作物欠收等不祥的預兆。身為國家君主應該要對一切眾生起慈悲心，大赦被關押的囚犯，並依前所述的方法供養藥師佛，由於此善根和藥師佛所發大願的關係，國界就能保持平安穩固；風調雨順，國泰民安，五穀豐收；眾生都能解除病苦而安穩快樂；因為有十二大藥叉大將的護衛，國家當中沒有暴惡的藥叉鬼神作祟，惱害眾生；所有一切的災難惡相都逐漸隱沒；國家君主的壽命增長，色力充沛，健康無病，自在快樂，全國上下都得到增益。

古代認為國家的災難，便是君王的災難。所以中國古代君王遇到國家危機時，會下罪詔己來懺罪，認為是上天懲罰帝王失德。而以一國的領袖來說，如剎帝利、灌頂王等面對天災人禍和種種天地異相，該怎麼辦呢？剎帝利是古印度四種種姓中的王公貴族，包括國王、王族和武士。灌頂王是古印度登基儀式，會以寶瓶水沐灌太子頂，代表能擁有王權。

當面對天災人禍時，一國之君主應當對一切有情起慈悲心，要大赦在牢獄犯人，當國王的心能和慈悲心相應，就能開啟良善的因緣。然後再加上種種供養方法，比如造如來形像七軀，一一像前各置七燈，一一燈量大如車輪，四十九天中持續誦經，造五色的綵幡，以此供養藥師佛。由此善根的供養功德及藥師佛本願力的緣故，國家就能恢復安穩，不會發生叛亂，國家的經濟、農業等民生都能豐足，不會有鬼神侵擾百姓。當種種惡相消失，福報就能自然現前，君王領袖就能轉危為安，消災延壽，平安無事。這也是為何日本特別重視藥師法門和藥師法會的原因，主要因為能護國息災。

（三）救眾難以延命

阿難！若帝后、妃主、儲君、王子、大臣、輔相、中宮、綵女、百官、黎庶，為病所苦，及餘厄難；亦應造立五色神幡，然燈續明，放諸生命，散雜色花，燒眾名香，病得除愈，眾難解脫。」

救脫菩薩告訴阿難尊者說，如果有國王的帝后、妻妾嬪妃、候補王位的儲君、王子、國家重臣、輔助大臣處理國事的輔相大官、管理中宮事務的太監、王宮中照應帝王和后妃的宮女、各級文武百官、黎民百姓。上自后妃，下至一切民眾被各種疾病所苦惱，及遭遇其餘的水、火、風災和戰亂等苦厄災難，亦應該造立五色的神幡，燃七七四十九盞續命的長明燈，此外還要放生行善，並撒散多種顏色鮮花，燒多種妙香，藉此供養藥師佛的殊勝功德，一切疾病便得痊癒，並解脫各種災難。

如果治理國家的王公貴族、官員，或是他們的家屬生病，百官將相恐怕會無心於治理國事，最好無人生病，才可以無後顧之憂治理朝政。

以上就是由救脫菩薩弘揚流通藥師法門儀軌的內容，透過救脫菩薩和阿難尊者之間的對話方便開示。

二、免九橫死

修持藥師法門可以救病難、救國難、救眾難，甚至還可以免除九種橫死。橫死是意外死亡，《藥師經》中提到的九種橫死，包括：1.得病無醫、延醫、誤醫；2.王法誅戮；3.非人奪精氣；4.火焚；5.水溺；6.惡獸噉食；7.墮崖；8.毒藥咒咀；9.饑渴所困。

阿難尊者聽了救脫菩薩的開示，對於消災延壽的法門，難免抱持懷疑，因此而有後續的問答釋疑。透過救脫菩薩和阿難尊者的精彩問答，我們也可了解藥師法門雖然能消災解厄和增福延壽，但是生命是有限的，我們於有生之年，應該善用藥師法門消災延壽的功德，進一步找到究竟的解脫生死束縛之道。生死問題要運用佛法的智慧，對生命的無常、無我深有體會，才能產生出離心，進而發菩提心，幫助所有的眾生都能從生死此岸到達涅槃彼岸。

爾時，阿難問救脫菩薩言：「善男子！云何已盡之命而可增益？」救脫菩薩言：「大德！汝豈不聞如來說有九橫死耶？是故勸造續命幡燈，修諸福德；以修福故，盡其壽命，不經苦患。」

阿難尊者問救脫菩薩說：「為什麼明明壽命已經頻臨終盡，卻還可以增福延壽呢？」救脫菩薩回說：「你難道沒有聽佛陀說過九種橫死嗎？所以才會勸說我們製造續命明燈和五色綵幡，修行種種功德。因為修行功德的緣故，可以享盡應得的天年，不必經歷橫死的苦難。」

所謂的橫死是不該死而死，藥師法門的延壽，是延續本來不該死而意外死亡的壽命，所以稱為延壽，而不是有情眾生可以避免老、病，可以延至免死，那是不可能的事。所謂生命是有生必有滅，已走至盡頭，該盡的命就得盡了。藥師法門是針對不該死而死的九種橫死，協助消災解厄和增福延壽。藥師法門並非讓人長生不死，只是盡其壽命，讓人比較有機會可以壽終正寢。所謂的「壽終正寢」，是人本來應該可以活到自然死亡，有的人卻二、三十歲就英年早逝，往往是因為某人突然發生災難，而造成意外死亡的橫死。

因為意外災難才造成命絕，可以修藥師法門，透過製造續命彩幡和點燈來修福德，以此善因緣、功德享盡其應得的壽命，不再經過不幸的苦患。即使勤修藥師法門，我們的壽命還是有限的，只是延長至本來應該擁有的壽命，不應意外災厄而夭折死亡。

阿難問言：「九橫云何？」救脫菩薩言：「若諸有情，得病雖輕，然無醫藥及看病者，設復遇醫，授以非藥，實不應死而便橫死。又信世間邪魔、外道、妖孽之師，妄說禍福，便生恐動，心不自正，卜問覓禍，殺種種眾生，解奏神明，呼諸魍魎，請乞福祐，欲冀延年，終不能得；愚癡迷惑，信邪倒見，遂令橫死，入於地獄，無有出期——是名初橫。

阿難尊者問：「什麼是九橫呢？」救脫菩薩解釋第一種橫死原因說，有人的病情雖然輕微，卻無法及時得到醫生診治和藥物治療，又無看護者，明明本來只是小病，竟然沒能找到適當的醫藥。這種情況就像有的人因為住在深山，來不及下山求醫，結果小病變成大病，大病變成沒命，最後病死了。或是有的人好不容易找到了醫師，卻遇庸醫誤診，開錯了藥方，以至於橫死，真是冤枉。這些人延誤就醫或錯誤醫療，這都是無醫、延醫、錯醫，本來命不該絕卻遭到橫死。

或是有人捨三寶正信，相信民間思想不正確的邪魔、外道，乃至妖孽之師，信口雌黃、妖言惑眾，胡說禍福，假藉鬼神附身，妄言領有天意，裝神弄鬼，宣說某時某地將有大禍臨頭之類，嚇唬眾生，結果眾生心生恐懼，極度緊張，終日忐忑不安，失去正念，於是想盡種種方法，到處看相算命、抽籤卜卦，尋問覓禍根源，任憑邪師蠱惑指示，反而招來禍患，宰殺種種眾生，透過種種作法，稟奏神明，召喚神明魍魎鬼怪，乞請消災祈福，而希望延年益壽，卻無法如願。主要是因為愚昧無知，相信顛倒的邪見，我們自己祈求增福延壽，卻又結束諸多眾生生命，這不是本末倒置嗎？所以終究遭致橫死，墮落地獄，無有出期，難以脫離，以上種種情況都屬於初橫。

很多人病治不好，就四處求神問卜，反而愈問心愈不安，因為常常說法不一，甚至三更半夜還要去拜鬼神。在我出家前，家人面對外婆生病時，也是曾經如此，為了想替至親治病延壽，什麼事情都願意做，家人們像是無頭蒼蠅到處亂跑，隨便別人擺布，妄說禍福，三更半夜拜陰廟、抓青蛙煮來當藥吃，其實全都徒勞無功。有的人則是迷信地理風水，認為病治不好都是家裡或是墳墓風水有問題，結果沒有針對病人的病情治療，反而弄得家裡雞犬不寧。

邪門外道有時會要病人家屬，殺生祭拜鬼神，我們想要延自己的命，卻去殺害眾生的生命，這樣將適得其反，種下許多惡因緣，違背所求的福德果報，自己想要增福延壽，更應該要護生、放生，而非殺生。

因此，治病也要有智慧，需要正知正見，才不會因為邪見導致墮入惡道，招致橫死。很多人橫死的原因，不是因為疾病本身，反而是因為思想錯誤，用錯了方法，浪費了時間，錯失了醫療的最佳時機。

二者、橫被王法之所誅戮。三者、畋獵嬉戲，耽婬嗜酒，放逸無度，橫為非人奪其精氣。四者、橫為火焚。五者、橫為水溺。六者、橫為種種惡獸所噉。七者、橫墮山崖。八者、橫為毒藥，厭禱，咒詛，起屍鬼等之所中害。九者、飢渴所困，不得飲食而便橫死。是為如來略說橫死，有此九種。其餘復有無量諸橫，難可具說。

救脫菩薩對第一種橫死的解說較為詳盡，後面的八橫就比較簡略解說。第二種橫死，是被國家法律所凌虐乃至處死；第三種橫死，是因畋獵鳥獸，放縱淫欲，不知節制，沉迷酒色，終日放蕩不羈、放逸無度，狂嫖爛賭，逢酒必醉、一天天消耗精氣，如同被非人奪取生命元氣；第四種橫死，是喪生於失火現場及戰爭中意外被火燒死；第五種橫死，逢水災、洪水來襲、乘船遇難及掉到河中意外被水溺斃；第六種橫死，是意外被毒蛇、瘋犬、獅子、虎狼等野獸吞噉；第七種橫死，是意外墜落山崖，發生山難，死於非命；第八種橫死，是意外遭受毒藥、巫術、詛咒、殭屍鬼等所害死；第九種橫死，是因飢渴所困，又得不到飲食與水分而意外死亡。這些都是未能享盡天年、壽終正寢者，佛陀所略舉的九種橫死之外，還有多到數不清的諸種橫死，難以一一加以說明。

橫死的原因有很多種，我們真的無法預知，比如自己是否會遭人暗算下毒，或是遇到水災，或是火災、地震、戰亂等，面對這些不可知，只能透過造作諸多善因緣來改變。尤其藥師佛所發的大願就是為眾生消災解厄和增福延壽，只要持念藥師佛名號、藥師咒語，與藥師佛本願相應，我們就有機會免於許多災厄，免於意外險難，並能增福延壽。

而我們從九種橫死可以得知，藥師法門的消災延壽，是延續因這些橫災致死者的壽命，而非不斷地延續我們的生命，長生不老，不是這樣的。生、老、病、死，是一切有情眾生都具有的生命過程，無法透過消災延壽而得到免除，只能延長不該死而橫死的壽命，能夠讓我們享盡天年、壽終正寢，利用有生之年好好用功修行，我們對此也應該心滿意足了。

我們一生會經歷非常多的天災人禍，不論是搭車或搭飛機，都可能發生車禍或空難，甚至在家中一樣也會有無常的危險性，其實無常是無所不在，因此，要養成隨時隨地持誦藥師佛號的習慣性，幫助自己累積福德因緣，讓自己能安定身心，並有幫助大眾的力量。

復次，阿難！彼琰魔王主領世間名籍之記。若諸有情，不孝五逆，破辱三寶，壞君臣法，毀於性戒，琰魔法王，隨罪輕重，考而罰之。是故我今勸諸有情，然燈造幡，放生修福，令度苦厄，不遭眾難。」

救脫菩薩告訴阿難尊者說，閻羅王主管世間一切罪惡眾生的生死紀錄簿。假如有眾生不孝父母，犯下五逆重罪：殺父、殺母、殺阿羅漢、出佛身血、破和合僧。殺父、殺母此二者重罪，將比不孝父母的罪業更加嚴重。殺阿羅漢是殺害修行世出的聖者。出佛身血是指佛陀在世時，如提婆達多推石害佛。破和合僧是挑撥和合僧團失和而不安於道。所有一切罪惡就以此五逆最為嚴重。還有破壞侮辱佛、法、僧三寶，不守君臣之間的分際禮法，犯殺、盜、淫、妄等惡性戒，閻羅王會隨他所犯的罪業輕重，加以考察而處罰之。因此，救脫菩薩勸請一切有情眾生，要燃燈供佛和製作綵幡供養，並放生動物和行善積德，以度脫痛苦的困境，就不會遭遇種種災難。

救脫菩薩提到的五逆、破辱三寶，都是墮入無間地獄的重罪，毀犯性戒，也會遭致惡業果報。閻羅王其實是比喻第八阿賴耶識（前面所說的俱生神），我們的阿賴耶識會就善業、惡業的眾多因緣，進行排列組合，決定我們來生所受的果報。因此，救脫菩薩鼓勵我們應當盡可能多供養、布施、行善，以增加善因緣，因而增福延壽，否極泰來。

三、藥叉護法

爾時，眾中有十二藥叉大將，俱在會坐，所謂：宮毘羅大將，伐折羅大將，迷企羅大將，安底羅大將，頞儞羅大將，珊底羅大將，因達羅大將，波夷羅大將，摩虎羅大將，真達羅大將，招杜羅大將，毘羯羅大將。此十二藥叉大將，一一各有七千藥叉以為眷屬，同時舉聲白佛言：「世尊！我等今者，蒙佛威力，得聞世尊藥師琉璃光如來名號，不復更有惡趣之怖。我等相率，皆同一心，乃至盡形歸佛法僧，誓當荷負一切有情，為作義利饒益安樂。隨於何等村城，國邑，空閑林中，若有流布此經，或復受持藥師琉璃光如來名號恭敬供養者，我等眷屬衛護是人，皆使解脫一切苦難；諸有願求，悉令滿足。或有疾厄求度脫者，亦應讀誦此經，以五色縷，結我名字，得如願已，然後解結。」

當救脫菩薩介紹完消災延壽的藥師法門後，許多深受感動的藥叉大將和他們的眷屬，共同發願要守護此法，他們都是溫和熱忱而善良的藥叉，在佛教界的護法神中，都占著重要的地位。藥叉也有男女之別，中國以為母藥叉醜陋又凶惡，常以母夜叉形容潑辣的女人，其實男藥叉才是醜陋的，母藥叉反而長相如花似玉。

在毘沙門天王統攝下的藥叉，部屬眾多，有十二位為領導者，故名大將。當時，集會中坐著的十二位藥叉大將包括：宮毘羅大將、伐折羅大將、迷企羅大將、安底羅大將、頞儞羅大將、珊底羅大將、因達羅大將、波夷羅大將、摩虎羅大將、真達羅大將、招杜羅大將、毘羯羅大將，他們都分別各率領著七千名藥叉眷屬，總共八萬四千眷屬。根據藥師儀軌，一年十二個月，一天十二個時辰，都由每位藥叉大將輪值守護。還有藥師佛發十二大願，因而感召十二藥叉大將，每一藥叉大將代表一大願，又等同藥師佛的化身。

1. 宮毘羅

梵名意譯為蛟龍，頂有金龍相。身呈黃色，手持寶杵。

2. 伐折羅

梵名意譯為金剛。身呈白色，手持寶劍。

3. 迷企羅

梵名意譯為金帶，因腰間束有金帶。身呈黃色，手持寶棒或獨鈷。

4.安底羅

梵名意譯為破空山，具大神力，能碎大山。身呈綠色，手持寶鎚或寶珠。

5.頞儞羅

梵名意譯為沉香，身具沉香的香氣。身呈紅色，手持寶叉或矢。

6.珊底羅

梵名意譯為螺髮，頭上冠有花，髮如螺形。身呈煙色，手持寶劍或螺貝。

7.因達羅

梵名意譯為能天主。身呈紅色，手持寶棍或鉾。

8.波夷羅

梵名意譯為鯨，身形高大如鯨。身呈紅色，手持寶鎚或弓矢。

9.摩虎羅

梵名意譯為蟒蛇，蟒蛇身而為護法。身呈白色，手持寶斧。

10.真達羅

梵名意譯為一角，因頭上只有一角。身呈黃色，手持羂索或寶棒。

11. **招杜羅**

梵名意譯為嚴熾。身呈青色，手持寶鎚。

12. **毘羯羅**

梵名意譯為善藝，精通工藝。身呈紅色，手持寶輪或三鈷。

藥叉眾異口同聲對佛陀說：「我們今日因為宿植善根，又承蒙佛陀您的威神力，而得以聽聞藥師佛名號，不再恐懼會轉生墮入惡道中。我們為報佛恩發誓要齊心協力，終此一生皈依佛、法、僧三寶，誓願承擔一切有情眾生的苦難，為他們做種種義利之事，讓他們可以脫離苦難、饒益安樂。有情眾生無論是在任何村莊、城鎮、國都、縣邑、或是空閒的樹林中，只要有人持誦《藥師經》或復受持藥師佛名號，恭敬供養藥師佛，我們和所有的眷屬們都會一起護衛他們，讓他們都能解脫一切苦難，並且滿足他們的所有願望。如果有人想求脫離疾病苦難，也應該讀誦這部《藥師經》，並以五色縷線編結十二藥叉大將的名字，等到實現願望後，再解開此結。」

我們從經文看到共有八萬四千位藥叉，共同誓願守護《藥師經》，這是非常龐大的數量，難怪我們遇到災厄時，能得到他們的共同守護而逢凶化吉。想要得到他們的協助，除持誦《藥師經》，還可以用五色縷結上他們的名字。五色縷就是五色的繩子或綵幡，由於藥叉經常飛行於天空，當他們看到某一戶人家豎起了五色綵幡，就表示家中有事，向他們發出了求助訊號，就會即刻救援守護。而當危機解除後，就要將綵幡收起來。

藥師法門啟發了護法藥叉們的善因善緣，而願意皈依三寶，願意護持三寶。由於這些藥叉們都皈依三寶，所以他們與我們都是同門的三寶弟子。

> 爾時，世尊讚諸藥叉大將言：「善哉！善哉！大藥叉將！汝等念報世尊藥師琉璃光如來恩德者，常應如是利益安樂一切有情。」

此時，佛陀讚歎這些藥叉大將們說：「太好了！太好了！你們能感念藥師佛慈悲救濟的恩德，應該常常這樣幫助所有眾生得到利益和安樂一切有情眾生。」藥叉大將們因感念藥師佛恩德，所以像藥師佛一樣發願守護眾生，以此來報恩。

我們參加共修活動時，聽經聞法，或是參加法會、禪坐共修，每一次活動共修背後，是否曾想過有多少義工菩薩在默默地付出？如果上課疲倦時，或禪坐腿痛時，能憶念和感恩這一群菩薩的守護心意，是否就能提振起道心呢？而在感恩的同時，是否也發願他日來做義工，換自己來守護他們？報恩的方式有很多種，而在報恩的過程，其實就是在修福報，能累積修行的資糧。

爾時，阿難白佛言：「世尊！當何名此法門？我等云何奉持？」佛告阿難：「此法門名說藥師琉璃光如來本願功德；亦名說十二神將饒益有情結願神咒；亦名拔除一切業障；應如是持。」

為了讓此正法，超越悠久的時間，與廣大的空間，長久而普遍，流傳不絕，阿難尊者特於此時向佛陀請示經題，才能統攝整部經的要義，成為全經要領，有經題也易於記憶受持。阿難問：「應當如何稱呼這個法門？我們應該如何信奉持守呢？」佛陀告訴阿難尊者，藥師法門共有三個名稱：「此法門名為『藥師琉璃光如來本願功德』，又稱《十二神將饒益有情結願神咒》，也可名為『拔除一切業障』，應當如此奉持。」

第一個名稱《藥師琉璃光如來本願功德經》，這是最廣為流傳的名稱。修持《藥師經》、藥師佛名號、〈藥師咒〉，則稱修持藥師法門。

第二個名稱《十二神將饒益有情結願神咒》，十二神將也是都為了饒益有情，才發大誓願守護藥師法門。由於藥叉希望修持者能夠結願神咒，所以可歸入〈藥師咒〉，藥叉大將和神咒密不可分。

第三個名稱《拔除一切業障經》，本經能幫助我們消災解厄，增福延壽，也等於是拔除我們一切業障的經典。

如果我們能用功受持《藥師經》的話，不但能拔除一切業障，並得到十二藥叉大將協助度過生命難關，而這些都要歸結於「藥師琉璃光如來本願功德」的關係。因此，我們了解經名的意義後，應當如是受持，理解整部經典的精神所在。

我們不僅要理解經典，還要用心實踐，不只是藥師佛想要利益所有一切眾生，也不只是藥叉大將能利益所有一切眾生，我們自己也要投入菩薩行的六度萬行行列，願意利益所有一切眾生。這才是更加可貴之處，所以說「誦經不如解經，解經不如行經」。我們不只要誦持經典，更要理解經典，就為了要能實踐執行經典，自己也要成為守護三寶、守護眾生的菩薩。

四、大眾奉行

時薄伽梵說是語已，諸菩薩摩訶薩；及大聲聞；國王、大臣、婆羅門、居士，天、龍、藥叉、健達縛、阿素洛、揭路茶、緊捺洛、莫呼洛伽，人、非人等，一切大眾，聞佛所說，皆大歡喜，信受奉行。

佛陀完成《藥師經》的圓滿開示後，所有的菩薩摩訶薩、大聲聞弟子、國王、大臣、婆羅門、居士，天、龍、藥叉、健達縛、阿素洛、揭路茶、緊捺洛、莫呼洛伽等天龍八部，人、非人等，聽聞佛陀所說教法，大感歡喜，都發願信受奉行。

天龍八部包括：一天、二龍、三藥叉、四乾闥婆（健達縛，香神或樂神）、五阿素洛（阿修羅）、六揭路茶（迦樓羅，大鵬金翅鳥）、七緊捺洛（緊那羅，歌神，頭生一角，讓人不知是神是人，故又稱疑神）、八莫呼洛伽（摩睺羅迦，大蟒蛇），因此在這場說法盛會，人（國王、大臣等）、非人等（天龍八部）全員到齊，由於一切大眾（人與天龍八部）全體參與，藥叉大將特別發願守護《藥師經》，聽聞佛所說，個個皆大歡喜，信受奉行。

修持藥師法門有一個最基本的條件，便是要與藥師佛成就的十二大願，願願相應。當我們透過修持藥師法門累積了許多善緣，不愁衣食，事業成功，家庭美滿，這樣的一生就足夠了嗎？我們擁有再多的財富，也只能受用一生；和親人的血脈相連親情，也只在今生，我們思考的應該不只是此生此時，要學菩薩的廣大胸襟能胸懷一切眾生，所思惟的應是無窮無盡的生命時空，而不為生死所束縛。

藥師法門背後的深意，不僅僅是藥師佛守護眾生的滿願，也期望眾生能發大願，如同藥師佛行菩薩道時，種種利益眾生的行為。面對生命短暫的人生，如能學習藥師佛發願、行願，藥師佛的每一大願都可以成為療癒我們有生之年的法藥，因為菩薩要走的道路，其實不只今生，而是橫遍十方空間、豎超三世時間，與諸佛菩薩同願同行廣度眾生。

〈第五篇〉

琉璃世界眾病悉除

一、學習大醫王的濟世精神

我們的世界生病了嗎？氣候變遷、大自然反撲，正排山倒海地襲擊全球；疫情時代，各國理應互伸援手，共挺難關，但糧食、資源戰卻蓄勢待發，戰爭也危機四伏；衣食無缺的舒適現代生活，文明病卻讓人有苦難言，壓力大到吃不下、睡不著……。

現代人正報的身心生病，導致依報的大環境地球也生病，因而造成了天災人禍。雖然我們可以向藥師佛祈願世界的和平與安樂，但能直接發心改變世界的，還是我們自己，不是嗎？如果我們學習藥師佛的精神，從內心發起大願，不但能拯救自己，也拯救世界。若要改變世界，改變自己的心就是起點，省思自己是否經常只想到利己，因而變得自私自利、器量狹小？並發心改變，逐漸轉成捨己為人的大心菩薩。心是一切法的主導者，改變自己的第一步，可以從發願開始。

三十多年前，我在新竹法源講寺出家，那時才知道出家人應該要「弘法為家務，利生為事業」。當年星雲大師恰巧在新竹佛光山的無量壽圖書館演講，盛況空前，擠得人山人海，這樣的弘法量，就如同傾盆大雨般氣勢磅礡。於是我開始思考，自己應該如何弘法呢？我發願只要像小小的毛毛雨就好，雖然雨量很小，但只要講課不倦，一場場持續地下，年年長期地下，終究能滋潤大地。因此，我就將寺院常住的客廳改造了一下，將待客的沙發換成幾張課桌椅，鼓勵寺裡的信徒聽聞佛法，我就這樣子開始講起課來。

我曾經非常羨慕有些道場的法師，只要準備一、兩種課程，就能夠四處弘講。不像我好不容易準備好課程，卻只能在自己的道場講課，又為了不使聞法大眾覺得固定課程單調乏味，所以必須準備好幾種不同的課程。我經常覺得自己能力有限，課程講得好局促，卻也因此培養出能講很多種不同主題範疇的課程。出乎意料的是，經由大家口耳相傳，我不只在新竹講課，還受邀到臺灣各地說法，漸漸地法緣愈來愈廣、愈走愈遠，也應邀到世界各國海外弘法；甚至不只是在寺院開課，也應邀到各種團體演講。

有段時期，我覺得電視媒介是很好的現代弘法管道，卻也明白自己身在傳統道場，不可能有充裕的預算，只有羨慕的份。沒想到二〇〇二年在高雄弘法時，由當地有線電視台現場錄影並且播出，就這樣走上電視弘法，至今不曾中斷。

由於當時的弘法經費，都仰賴發行 DVD 的流通費用，才得堅持下來。因此，我在早期講課的旅程中，經常得帶著大量沉重的 DVD，尤其帶到海外更加困難。想不到網路傳播迅速崛起，DVD 慘遭淘汰而乏人問津。雖然弘法的過程很艱辛，但我始終秉持著「毛毛雨」的小小心願，一步一步慢慢地向前邁進，竟也逐漸實現了到各地弘法的心願。

雖然我經常往返海內外弘法，自己居住的道場卻一直都沒有講堂，直到二〇一二年，終於在北投覺風佛教藝術學院有了暫時性的講堂。

出家至今，除了隨順因緣、克盡本分地弘法，弘揚佛教藝術也是我的使命。因緣際會，北投將建設「覺風佛教藝術教育園區」，本來我只是日本建築大師安藤忠雄先生的粉絲，想不到大師竟然首肯為我們做建築設計，這也是我從來不敢奢想的事。未來的園區將設有佛堂、禪堂、講堂、佛教美術館等，初心的小小願望似乎將成為大願，卻因經費龐大，尚未周全。但我相信因緣都是一點一滴逐漸累積而成，希望仰仗諸佛菩薩的庇佑，讓我們戮力實現此一使命與願望，為臺灣留下一個佛教藝術的重鎮。

行願遇到困難時，常常會想到一個影響我至深的《雜寶藏經》故事：森林大火中，有隻小鳥見鳥獸動物驚恐萬分，牠便趕緊飛到河邊將羽毛沾濕，以此微小的涓滴之水，奮不顧身救火，每次努力地甩、甩、甩，雖然只能甩下幾滴水，仍不斷往返取水、救火。最終，感動了天神降大雨熄火。這便是「自助而後天助」，以佛法來說，平時就要累積種種善因緣，以「只問耕耘，不問收穫」的心付出，進而無所住而生其心，當善因緣成熟了，必然積沙成塔，福報自然現前。

有志者，事竟成。我們也可以效法這隻小鳥的精神，即使個人的力量微薄，剛開始會有無力感，但是日積月累，年復一年，一世累積一世，慢慢地儲存福報因緣與智慧資糧，過程中自然會感召同願同行者一起修福修慧，直到圓滿而究竟成佛，這不就是菩薩道的實踐嗎？

娑婆世界雖是五濁惡世的穢土世界，只要我們用心學習藥師佛的十二大願精神，一定能將穢土轉為淨土。

二、十二大願的現代實踐精神

十二大願雖是藥師佛架構東方琉璃淨土的藍圖，卻為現實世界提供了生活典範，能針對現實世界的缺陷，積極提出改善的途徑。藥師佛的十二大願所成就的淨土世界美好生活條件，不也是人間淨土可以努力的方向嗎？

依《藥師經》所描述，十二大願的淨土世界如下：

1. 眾生相好莊嚴，與佛無異。
2. 佛光普照，人人事業順利。
3. 生活所需，不虞匱乏。
4. 淨土眾生都是大乘菩薩。
5. 戒行清淨。
6. 身心健全，沒有殘疾。
7. 無人為貧病所苦。
8. 人人都是丈夫相，沒有男女不平等。

9.佛法見解正確，能習菩薩行。
10.沒有王法刑罰災難。
11.飲食豐足。
12.能得妙衣和娛樂享受。

不知大家心中的人間淨土，是什麼樣子？我依著藥師佛本願來發願，希望能成就如下的人間淨土：

1.人人平等，心地光明。
2.彼此互助事業成功，心量廣大。
3.互通有無，生活不虞匱乏。
4.以菩薩萬行關懷世界。
5.人人守法盡責，互敬互重。
6.身心莊嚴，福慧雙修。
7.無人為貧病所苦，為社會帶來溫暖。
8.人人都是胸懷世界的大丈夫。

9. 依佛法正見，斷除煩惱。
10. 解脫束縛，隨緣自在。
11. 大眾響應素食護生。
12. 人人少欲知足，知足常樂。

十二大願其實也是學佛的觀念與方法，亦為菩薩行的實踐方向。我們可以想想藥師佛的十二大願，帶給自己哪些感動和啟發，從而立下向藥師佛學習的十二大願，透過自己所發的十二大願，成長自己，也幫助別人。如果我們能改變現在的行為，也就改變了未來的命運，未來的希望就決定於我們現在的行動力。

我們雖然無法改變全球貧富不均、種族歧視、飢餓糧荒等問題，但是可以向世界做出承諾，依自己力之所及、心之所願來做出改變。雖然無法改變不平等的世界，但是可以平等心來尊重人、禮敬人，相信人人與佛無異，眾生都能成佛。雖然凡夫的心光無法普及眾生，卻可以在看時事新聞時，為這個世界祝福，希望人人都平安幸福。能夠這樣發願，人間淨土將能慢慢地形成。

（一）人人平等願

藥師佛的第一大願是生佛平等願，認為所有的眾生都能和自己一樣成佛，同樣莊嚴沒有差別，眾生是未悟的佛，而佛則是已悟的眾生，所以稱為生佛平等。景仰藥師佛無邊的願力時，我們是否也能發願希望所有的眾生都和自己一樣，能夠得到藥師佛的祝福：無諸疾苦，所求願滿，人人平等？進而以平等心，敬重對待所有相逢的人，如遇藥師佛現前。

佛陀最核心的教導是因緣法，世間所有的現象，都來自因緣和合，所以生滅無常、法法平等，萬物唯一的自性就是空性，這是宇宙人生的真理法則。世間所有的現象，都是因緣和合所產生的生滅無常現象。也因此，真正的世界和平，必須來自於我們對於平等的理解與實踐，唯有平等，沒有種族、階級、性別歧視帶來的痛苦，才可能讓每個人都過得幸福快樂。而透過因緣的平等無自性，將可達於人人平等的大願。

因緣雖然平等，但是人心卻是不平等的，而顯現種種差別煩惱相。因此，我們要透過修持藥師法門，調整自己凹凸不平的心地，讓心能如琉璃般透明發光，普照世界。

（二）放寬心量願

藥師佛的第二大願是開曉事業願，很多人修持藥師法門的原因，是希求仰仗佛力讓事業亨通，希望自己可以廣結人緣，生意興隆。有句話說「量大福大」，有大心量的人，必有大福報。當我們把心量擴大，不但心寬路就寬，眼光也會放遠，人生和事業的格局自然會更廣闊。因此，只要我們能夠放寬心量，領會藥師佛的「光明廣大」，並發願學習，不計他人出身背景，歡喜成就他人的事業，帶給別人生命光明的希望。

藥師佛「身如琉璃，內外明徹」，「焰網莊嚴，過於日月」，我們或許很難想像得出這樣的明徹、光明景象，但是可以透過蔚藍天空和皎潔月照來體驗感受。藍天白雲的天空，就如藥師佛的琉璃光，內外明徹，清淨無染，毫無瑕穢。藥師佛之所以能放大光明，帶動願力，開創希望，都是由於累劫宿世所修的功德所致，因此

「功德巍巍」。當他人事業發生烏雲密布的障礙，我們可以助一臂之力，發願讓自己能如陽光驅散烏雲，讓他人的心境得以放晴，不再煩憂。

月亮雖出現於暗夜，仍能顯發其皎潔的明亮，撫慰黑暗中的幽冥眾生。對急需工作的人來說，我們如果能提供工作機會，或是協助尋找工作，就如同明月照路。即使無法提供工作，倘若能分享經驗，指點迷津，也能助人化解困難，甚至找到工作專長和樂趣，從而安於事業，樂在工作，將職場工作進一步化為人生事業，找到奉獻的意義。而我們經常為人加油鼓舞，成就他人事業，自己的人緣自然會愈來愈好，事業也會愈來愈順暢。

（三）歡喜布施願

藥師佛的第三大願是無盡資生願，讓眾生的生活物資永不匱乏。我們雖無法像藥師佛讓人所求皆滿，卻可盡力布施。布施非常重要，無論是人天乘法的三福行：布施、持戒、修定，或是菩薩道的六度萬行：布施、持戒、忍辱、精進、禪定、般若，或是四攝法：布施、愛語、利行、同事，皆以布施為首，便是教導我們要透過布施修福，由於生活不虞匱乏，可以好好地學佛修行。而布施所得的福報，能讓我們獲得無盡的資生物品與財富。

人的一生，能用的財富資源很有限，福報也是有限的，但是如果能透過布施持續廣種福田，供養三寶、孝養父母師長、照顧孤苦貧困、勤做社會公益，福報就能因此生生不息，成為生生不已生命之流的資生之道。

《藥師經》特別強調以布施對治貪吝，因為眾生之所以不能成佛，就是處處放不下自我，什麼都要貼上「我的」標籤：我的家、我的狗、我的位子、我的煩惱……，深怕有人不知道自己的存在。而恰恰自我又是所有煩惱的根源，如果能做一分布施，就能斷一分煩惱，從而漸漸放下自我執著。

因此，我們要發歡喜布施願，不論是濟寒賑貧、捐血救人，或是布施時間做義工，或是為人法布施，只要是自己能夠布施的，都不遺餘力地捨己為人。

（四）共行大道願

藥師佛的第四大願是安立大道願，希望會五乘歸於三乘，再會三乘歸於一乘道，實踐圓滿成就佛果的菩薩行，這即是成佛的大道，簡稱佛道。菩薩不但有人天乘廣結善緣的福報，也有解脫生死的智慧，但因慈悲心重，不忍離眾生而自行解脫，發願要自利利他、自覺覺他，為度眾生而累劫宿世修，直至福慧圓滿成佛。

諸佛皆出人間，終不在天上成佛；六道眾生，只有人道可以成佛。「人身難得今已得，佛法難聞今已聞，此身不向今生度，更向何生度此身？」我們既然已有人身的福報，便要掌握修行的機會，最好的人生大道就是佛道，而菩薩的六度萬行便是成就佛道的方法。既然已發心要行大道，就不會偏向只求自我解脫的小道，或是貪求速成的旁門左道。

現代世界交流很密集，發達的科技已能超越國界、種族、語言的隔閡，但是心的隔閡，讓世界不斷產生戰亂、爭端和摩擦，因而特別需要大乘佛教以菩薩萬行關懷世界。只要是眾生所需，菩薩都願為開路先鋒，以成就眾生來完成佛道。

（五）守法盡責願

藥師佛的第五大願是戒行清淨願，除了持戒，對於國民應遵守的法律和公約，我們都有責任透過守法來守護自己和大眾的平安和樂，創造人人互敬互重的美好社會。

許多人都相信「善有善報，惡有惡報」，所以不會胡作非為，但仍有人質疑：「為何好人不長命，禍害遺千年？」在修持藥師法門前，我們要先建立起「生生不已的生命之流」的生命觀，知道世間的一切都是因緣和合，凡夫只能見到一時的果報現象，必須透過聽經聞法，以般若來開啟慧眼，才能深觀因緣法的平等性。

今生生於富貴或貧賤的家庭，已經是過去世所種下因緣所成熟的果報體，因緣是自動排列組合而成的，所以因緣是最為公平的法則。透過般若思想和唯識思想，可以非常精確地深觀宇宙人生的真理法則，也就是遊戲規則，從而看懂人間百態，乃至接受一切的現象，並且理解持戒清淨的重要性。

在家居士可受三皈五戒、八關齋戒和菩薩戒。如果犯戒，雖然沒有實質的懲罰，但是要懂得慚愧懺悔。因為持戒的功能不只保護自己，也能保護別人，當我們沒有守護好自己的身心，很可能會對他人或團體造成傷害和困擾。

（六）身心莊嚴願

當我們看到盲人、聾人或行動不便的身障人士，會油然生起同情心。但是耳聰目明的我們，卻不知自己其實也有很多身心障礙，比如對忠言充耳不聞，或被名利蒙蔽雙眼視而不見，或因心不在焉而食不知味。藥師佛的第六大願諸根具足願，是慈憫諸根不具、身心殘疾的眾生，而發願救治。我們在學習發願時，不妨反觀自己是否身心健全，能否「諸根具足，無諸疾苦」？

只要身體有缺陷就是「諸根不具」，無論身體或是精神生病，都可算是殘疾。所謂「業不重，不生娑婆」，我們如果身心清淨無病苦，就不會轉生為人了，換句話說，每個人的身心多多少少都是有病苦缺陷的。有的缺陷從外在看不出來，只有自己感到不足，比如有人五官正常，卻嫌棄自己的身材長相，而常去醫美整形，即使成為別人眼中的美女，自己卻始終為容貌所苦。

心中要「無諸疾苦」，才能真正「諸根具足」，成為身心健全的人。因此，我們可以發身心莊嚴願，期勉自己身心清淨端莊，能受人敬重。如何讓身心莊嚴呢？

方法是修福、修慧和持戒，修福廣種福田，修慧斷除煩惱，持戒清淨身心。通常生來智慧端正的人，都是宿生因緣果報具有正知正見。無論我們今生所得的果報如何，只要發心從現在開始修行，修慧持戒，並願成為他人的千手觀音，廣修善業，必然能身心莊嚴。

（七）溫暖社會願

藥師佛的第七大願是身心康樂願，讓所有貧病交迫的人不再孤苦，恢復健康，建立美滿家庭。傳統社會的人情溫暖，人們敦親睦鄰，守望相助，少有無人照料而孤獨死去的情況。由於社會型態改變，「一指神功」就能在手機上解決生活大小事，愈來愈多人寧願當宅男宅女，也不想出門參與社區活動。同樣地，社會上獨善其身的人愈來愈多，路見不平非但不願拔刀相助，反而拔腿就跑，以免惹禍上身。

溫暖社會，人人有責。給別人溫暖，其實是為自己取暖，共同打造一個有安全感的互信互助社會。期望我們的社會不再有貧富懸殊的「朱門酒肉臭，路有凍死骨」，而能體現《禮記》所說的大同社會：「人不獨親其親，不獨子其子，使老有所終，壯有所用，幼有所長，矜寡孤獨廢疾者，皆有所養。」

如果說「一念瞋心起，百萬障門開」，我更希望大家能「一念善心起，百萬善門開」，同發溫暖社會的願，以共願來改變共業，形成善的循環來改變世界。只要願意發願，人人都可以成為藥師佛的分身，當任何人需要我們、呼喚我們的時候，無論是「眾病逼切，無救無歸，無醫無藥，無親無家，貧窮多苦」，都能伸出援手，助人離苦得樂。

（八）轉大丈夫願

傳統社會重男輕女，但在佛教思想中，承認男性與女性間，在修行路上各有優缺點。比方男性比較大而化之，理性、剛強勇健，卻易折斷；女性比較心思細密、感性、情執、柔弱，但韌性強，受到根身之苦較多，加上小時受父母呵護，結婚後放不下家庭、先生、兒女的執著，年老尚需要兒女照顧，自主程度較差一些。因此，女性的社會地位與修行條件較為弱勢，為求性別平等，難免想離苦而有轉女成男的意圖。因此，藥師佛的第八大願是轉女成男願。

現代已是重視男女平等的社會，女性在學業、事業上的表現不但不比男性遜色，而雙薪家庭的女性，還承擔更多家務和教養責任，比男性更有承擔力。甚至由於時代環境的轉變，說不定反而有不少男性希望轉男為女，喜歡女性的性情和生活方式。「大丈夫」所指的並非男性特質，而是能夠兼具男性與女性的優點，能夠包容一切、承擔一切的完人特質。

在世界一家的地球村時代，不論男女都應發願一肩挑起眾生重擔的大願，成為真正頂天立地的大丈夫。面對世間的種種天災人禍，無論是極端氣候引發的旱災、水災，或是經濟崩盤、疫情席捲，沒有人能不受影響置身事外。我們不應是器量狹小的「小丈夫」，只想安逸於自己的「生活小確幸」，應當發願成為胸懷世界的「大丈夫」。

大丈夫不需要建立豐功偉業，但需要有承擔世界的精神。如何承擔呢？在生活中落實環保生活，便是為眾生守護地球盡一份力。能夠挺身而出支持國際正義、社會正義，協助弱勢團體，尊重人權和動物權。發願透過自己的行動，展開守護美好世界的行動。而菩薩行者的自度度人，所擔起的更是讓眾生都解脫生死、離苦得樂的大志向。

（九）正見降魔願

藥師佛的第九大願是回邪歸正願，助人脫離惡見邪說的魔網，能以正見安心修道。古代因交通不便，弘法相當困難，隨著現代社會資訊網路的四通八達，加速了弘法傳播。然而，水能載舟，亦能覆舟，惡見邪說的魔網往往也交織其中，混淆視聽，讓人正邪難分。

資訊爆炸的時代，如果不使用3C產品，幾乎等同和社會人群斷絕往來，但是一進入電腦、手機的網路世界，各種洗腦廣告和龐雜訊息迎面而來，又讓人不勝其擾。且不論消息真偽，光是疲於回覆訊息，往往就讓人失去冷靜判斷力，或瘋狂團購，或於社群網路上脣槍舌戰。身心由此躁動不安，很難寂靜自在，更遑論由定生慧，所以需要發願以正見降魔來調伏自心。

網路通訊世界所及，大多是和貪、瞋、癡煩惱相應的訊息，如雜草叢生的莽林，此時心中如果沒有一把般若智慧劍，實在是寸步難行，甚至連落入了詐騙陷阱都渾然不覺。智慧劍所要斬除的，並非外在的對象，而是斬斷內在的煩惱，降伏自己的心魔。只有當自己的心清明了，才能以正知正見的智慧守護眾生，不隨波逐流，一盲引眾盲。

（十）隨緣自在願

藥師佛的第十大願是從縛得脫願，能助人從刑罰劫難中解脫。說到囚牢，一般人多想到關閉罪犯的有形監牢，但其實生死才是人的最大囚牢。我們所有人都活在世間法中，「世」是指時間過程，「間」是指空間位置。人一生的「時間」與「空間」是有限的，從而產生了生死束縛，不得自在。

所有人從出生後，就開始朝著死亡的方向邁進。而在生死之間的生活中，我們的根身不斷地追逐色、聲、香、味、觸五欲，並為外在的功勳、名利、地位、財富、家庭、事業所綑綁，甚至因此犯罪受到法律制裁，而身陷囹圄。在這無常的世間裡，還有種種天災人禍，到底如何才能從縛得脫，自由自在呢？我們可以發願，無論人生順逆，都要讓自己隨緣自在。

有生就有死，而我們所擁有世間種種的色身、名分、地位、財富、家庭、事業，都已經是果報體，是過去種下因緣的結果，無論是好是壞都無法改變結果，只能改善因緣。話雖如此，只要能改善因緣，就能創造美好的未來，這也正是人生的希望所在。當我們能不抱怨命運，坦然面對現前因緣，隨遇而安，隨緣自在，就是改變未來的第一步，讓我們能夠放下自我執著，放下生死，從而解脫世間和生死枷鎖。

（十一）素食護生願

傳統農業時代的人們，終年辛苦只為求得三餐溫飽，而現代人反而是病從口入，往往因為飲食無度，或得文明病，或需瘦身減重。

藥師佛的第十一大願是得妙飲食願，對現代人來說，什麼是妙飲食呢？我覺得素食是現代人的妙飲食。從健康的角度來看，有營養豐富、預防文明病、排除身體毒素、延年益壽等種種益處。從環保的角度來看，能友善對待地球環境，不因畜養食物鏈的動物，而耗費能源，破壞大自然生態。從護生的角度來看，不為口腹之欲而殺生，就是戒殺護生，不廣結惡緣，從而長養慈悲福田。

素食可說是最好的放生、護生方法，是自利利他的菩薩行。因此，我希望大家都能同發素食護生願。而對菩薩行者來說，最重要的妙飲食，是以法為食，長養慧命。大家也可以想想什麼是自己每日的妙飲食呢？能受用法味嗎？

（十二）少欲知足願

藥師法門重視我們現生的安樂，所以藥師佛所發的願會落實在日常生活的食、衣、住、行。但是現代生活不但大多豐衣足食，甚至還有過剩浪費的問題，因此我們的發願反而要從期望衣食無缺，轉為少欲知足。

藥師佛的第十二大願是得妙衣具願，讓人隨心滿願，滿足所需的物質和享受，但我認為現在社會的最大問題不是物質匱乏，而是「心靈貧窮」。有些人追求時尚，不是因為品味喜好，而是希望得到他人的讚賞。透過他人對自己外表肯定所得到的自信，不是真正的自信；能自我肯定的信心，才是真正的自信。

當我們能靜下來思考生活目的和需求，往往會發現不向外追求快樂，反而才能得到真正的快樂。穿衣究竟是為了穿給別人看，還是為了讓自己能保暖護身？聽音樂的目的是為了放鬆心情，還是盲目地追求流行？很多問題回歸到基本生活需求，心就不會自尋煩惱，生活就能變得簡單快樂了！

而對修行者來說，真正的「妙衣」是「福田衣」。現生生活方面的基本資生用具，這都還屬於世間法，因此，藥師佛的「得妙衣具願」，在現代來說，妙衣應當轉為福田衣。福田衣是袈裟，又稱解脫服，以田來譬喻僧人如人世福田，能讓眾生廣植善根種芽。我們如果能發願少欲知足，便能有多餘物資可捐助他人結緣，而讓所有親近我們的人都成有福之人，就如同身著福田衣，既解脫了自己的煩惱執著，又能造福他人。

三、藥師法門的生活應用

藥師法門的主要修持方式，依《藥師經》經文內容所述，可分為四大類：念佛、持咒、誦經、供養，這四種方法都可以感應藥師佛的願力。法無高下，最重要的是所選擇的方法是否適合自己，以及能否一心用功與佛相應。

念佛、持咒對忙碌的現代人來說，可說是最容易入門的方法。一般常見的念佛方式為持誦「南無消災延壽藥師佛」，但是弘一大師於《藥師法門修持課儀略錄》則建議稱念「藥師琉璃光如來」。持念「藥師琉璃光如來」，可以提醒我們不只祈請藥師佛消災延壽，還要以琉璃光破除自己的無明煩惱，更能圓滿體現藥師佛的慈悲與智慧。當我們念佛念到心清淨了，當下便能綻放琉璃心光。一念清淨，一念見淨土；念念清淨，處處是淨土。

每天可以抽出空檔，心中默念藥師佛名號，如果時間還有餘裕，也可持誦〈藥師咒〉，這兩種方式都可以隨時隨地用功，一點一滴積沙成塔，慢慢地累積功德。當然，如果能持誦《藥師經》為每日定課更好，可安排於早上梳洗完畢後，或是晚上就寢前課誦經文。除了誦經，抄寫《藥師經》也是安定身心的好方法。如果覺得每日定課自修，不容易持續精進，也可以透過參加藥師法會或拜藥師懺的共修方式，幫助自己提振精神和道心。

所謂「誦經者不如解經，解經者不如行經」，如果從誦持經典入門後，能進而理解經典，並更進一步實踐經典，將更能真正掌握藥師法門的精髓。我們要學習藥師佛所發的本願，願願都利益眾生，並且實際地身體力行，奉獻自己的時間、體力、專長等，與眾生廣結善緣。修持藥師法門，其實最大的獲益者還是回到自己本身，如同藥師佛隨時隨地為我們消災解厄，增福延壽，讓我們不但今生能安享天年，來生也能根據自己的願力，發願往生西方或東方淨土，或乘願再來人間繼續修行菩薩道，預約人間淨土。

照理來說，依著藥師佛的無邊願力，只要聽聞佛名，便能眾病悉除、不墮惡道、解脫一切憂苦……，藥師法門的修行方法應該是最為簡便。但是《藥師經》經中所提及的修持儀軌，卻是非常繁複，除曠日費時，而且所費不貲，非一般人的財力所可負荷。因此，如要在現代世界推廣藥師法門，需要找到適合現代人的方便方法。

現代人如果要依著《藥師經》修持儀軌做供養，實在不太容易。和藥師佛感應道交的關鍵，還是在於至誠心。建議可以準備一張《藥師經》的經變圖，供在桌上用於修持。例如左圖是根據敦煌石窟第二二〇窟《藥師如來本願功德經》經變圖，

《藥師如來本願功德經》經變圖（鹿野苑藝文學會提供）

由現代人依等比例重新描繪，既大幅清晰又周全的現代經變圖，經過電腦掃描，縮小後依然非常精緻。彩色列印的經變圖，可放大置於客廳、佛堂，也可縮印隨身攜帶，甚至手機也能存放圖片法寶，非常方便。

經變圖是從經文變成圖像，畫面是根據《藥師經》所描述的藥師法門儀軌而成：敬造藥師佛像七尊，一一像前，各置七燈，一一燈量大如車輪，光明不絕。並且七尊藥師佛像後，還有八大菩薩接引往生淨土：文殊師利菩薩、觀世音菩薩、得大勢菩薩、無盡意菩薩、寶檀華菩薩、藥王菩薩、藥上菩薩、彌勒菩薩。兩旁各有六大藥叉大將及其眷屬。上方尚有五色懸命彩幡，隨時都能召喚十二藥叉大將消災解厄，並有許多諸佛菩薩受到藥師佛感召，從各方世界來到娑婆世界。下方則是東方世界琉璃為地，另有舞者跳著胡旋舞點燈供佛，並有大型樂伎者組織而成的樂團，以歌舞樂伎供養諸佛菩薩及藥叉大將們，場面非常壯觀。修持所需的儀軌內容，在經變圖中一應俱全。

資訊發達、生活便利的現代世界，看似學佛管道多元，其實往往反而讓人不知從何學起。方法簡便的藥師法門，可以透過一心念佛、持咒、誦經，化解一心多用的散亂不安，讓身心恢復安定平靜。對藥師法門的信心，除了能讓人安心工作，不擔心經濟壓力、生活變化，特別是在生死交關時，更能成為我們的精神支柱，不會感到徬徨無助。

四、光明心看世界

眾生都有佛性，為何卻沒有成佛呢？原因就在於業障纏縛，不但無法相信自己有成佛的可能性，甚至懷疑佛法。《藥師經》又名《拔除一切業障經》，曼殊室利菩薩慈憫像法時期眾生的業障重，所以特別向佛陀請法，以幫助未來眾生能拔除業障，消災解厄，增福延壽，並具足學佛修行的條件。

有的人以為《藥師經》只是用於祈福消災的經典，其實藥師佛之所以施設種種豐足的生活條件，都是助人無後顧之憂，能夠安心修道，並非讓人安逸享樂。《藥師經》的修行目的，也非在修人天福報，而是引導眾生步上解脫生死煩惱的成佛之道。而信仰藥師佛的具體方法，是從現世自身的身、口、意三業去修行改善，具有非常積極性的菩薩精神。人天福報如何廣大，終究會漏失，唯有無漏的佛法智慧，能讓我們真正脫離煩惱苦難。

我們由於業障纏縛，所以無明煩惱。藥師佛的琉璃光勝過日月光明，可普照幽冥眾生，自然也能照亮我們幽暗的心，重見光明，與佛無異。我們如何轉無明心為光明心呢？最簡單的方法就是憶念佛名。惡法都是來自貪、瞋、癡、慢、疑等宿世習性，以及知見上的錯誤，所以必須聽聞藥師佛聖號，進而至心稱念，如法修持，逐漸轉變心量，才能有所成就。《藥師經》提供了宗教信仰上的光明與信心，所以修行佛法當以信心為先，有信心，心才能清淨安定，深切地領受佛法的智慧。

藥師佛出現於東方世界，象徵著旭日東昇，特別重視眾生的有生之年，都以無與倫比的焰網光明，無邊地行願利樂有情眾生，隨順眾生現世的所求所願而不退轉，不斷地為眾生消災解厄，增福延壽，以至於享盡天年，壽終正寢。兩邊協侍菩薩：日光遍照菩薩與月光遍照菩薩，歲歲年年、日日夜夜都為眾生點亮光明。藥師佛的慈力，不僅是讓我們解厄延壽，更是要延長我們的慧命，讓我們能以佛法充實有限的這一生，以及無盡的來生。

因此，只要我們學習藥師菩薩發願，以行菩薩道的願心，自利以點亮自己，利他以照亮世界，就能讓光明的心地，與藥師佛願願相應，使娑婆世界從穢土轉成淨土，充滿光明！

智慧人 48

福慧圓滿的妙藥——藥師經講記

A Wonderful Medicine for Perfecting Our Blessing and Wisdom: Commentaries on the Medicine Buddha Sutra

著者	釋寬謙
出版	法鼓文化
總監	釋果賢
總編輯	陳重光
編輯	張晴
封面設計	化外設計
內頁美編	小工
地址	臺北市北投區公館路186號5樓
電話	(02)2893-4646
傳真	(02)2896-0731
網址	http://www.ddc.com.tw
E-mail	market@ddc.com.tw
讀者服務專線	(02)2896-1600
初版一刷	2022年12月
初版二刷	2023年4月
建議售價	新臺幣340元
郵撥帳號	50013371
戶名	財團法人法鼓山文教基金會—法鼓文化
北美經銷處	紐約東初禪寺 Chan Meditation Center (New York, USA) Tel: (718)592-6593 E-mail: chancenter@gmail.com

法鼓文化

國家圖書館出版品預行編目資料

福慧圓滿的妙藥：藥師經講記 / 釋寬謙著. -- 初版. -- 臺北市：法鼓文化, 2022.12
面； 公分
ISBN 978-957-598-974-3 (平裝)

1.CST: 經集部

221.712　　111016409